Mit Pilgern pilgern

von Christian Grünebach

© 2019 CHRISTIAN GRÜNEBACH

ILLUSTRATION UND FOTOS: CHRISTIAN GRÜNEBACH

VERLAG UND DRUCK: TREDITION GMBH, HAMBURG

ISBN TASCHENBUCH: 978-3-7482-1183-9

ISBN HARDCOVER: 978-3-7482-1184-6

ISBN E-BOOK: 978-3-7482-1185-3

BIBLIOGRAFISCHE INFORMATION DER DEUTSCHEN
NATIONALBIBLIOTHEK:DIE DEUTSCHE NATIONALBIBLIOTHEK
VERZEICHNET DIESE PUBLIKATION IN DER DEUTSCHEN
NATIONALBIBLIOGRAFIE; DETAILLIERTE BIBLIOGRAFISCHE
DATEN SIND IM INTERNET ÜBER HTTP://DNB.D-NB.DE ABRUFBAR.

Vorwort:
Willkommen zu Hause!

So begrüßen wir Gäste, die nach Israel kommen. Sie kommen in ein fremdes Land, dass ihnen jedoch auch vertraut ist. Sie fühlen sich zu Hause, weil sie die Orte schon im Herzen mit sich mitbringen. Sie fühlen sich zugehörig, weil sie mit Geschichten und vertrauten Namen aufgewachsen sind. Das empfinden viele Pilger, die das erste Mal Israel besuchen.

Diese Erfahrung beschreibt Christian in seinem Buch. Er schildert seine persönlichen Eindrücke als Pilger auf dem Jesus -Trail und Pilgerführer und zeigt auch, wie Pilgern eine Möglichkeit bietet, Neues zu entdecken oder Rückschau zu halten. Pilgern kann eine Auszeit im Leben ermöglichen, in der man sich auf sich selbst besinnen kann, und es kann "auf den Boden der Tatsachen" zurückführen. Mit Christian unterwegs im Land können Pilger das Land auf intensive Weise kennenlernen. Hitze, Schatten, die liebliche Natur Galiläas im Frühjahr und die karge Wüste hinterlassen einen bleibenden Eindruck. Israel ist ein besonderes Land. Es ist für Pilger nicht einfach ein Reiseziel wie andere, etwas, das man mal gesehen haben muss. Für viele Pilger hinterlässt der Besuch im Land bleibende Spuren für den eigenen Glauben und das eigene Leben.

Auch wir dürfen das erleben, wenn wir Menschen in Israel begleiten und sie das "Fünfte Evangelium" kennenlernen.

Pargil Pixner beschreibt in seinem Buch "Mit Jesus durch Galiläa nach dem Fünften Evangelium", dass Gott sich nicht nur in bestimmten Zeiten der Geschichte, sondern auch an bestimmten Orten geoffenbart hat. Diese Erfahrung, das Land kennenzulernen, ein Gespür für das Klima und die Umwelt zu bekommen, verändert und vertieft das eigene Verständnis des biblischen Textes.

In jüdischer Tradition heißt es: „Sage nicht, wenn ich Zeit dazu habe, vielleicht hast du nie Zeit dazu … Wenn nicht jetzt, wann dann?"

In diesem Sinne wünschen wir uns, dass Pilgerinnen und Pilger sich auf den Weg machen, um dieses vertraute und zugleich fremde Land kennenzulernen. Wir freuen uns, Sie zu sehen und begleiten zu dürfen. L'Shana Ha'Baa B'Yerushalayim! Nächstes Jahr in Jerusalem!

Teresa Nurieljan und Silke Warnecke-Levy

Einleitung

Das Pilgern!
Es ist zu einem Trend geworden, besondere Wege mit einem besonderen Flair zu bewandern. Einer der wohl bekanntesten Pilgerwege ist der Jakobsweg. Unzählige Menschen nehmen die manchmal beschwerliche Reise auf sich und haben dabei verschiedene Beweggründe. Sei es, dass man einfach gerne wandert und die Natur erleben will oder aus religiöser Motivation. Manch einer wandert auch, um zu sich selbst zu finden, um sich eine Auszeit zu geben oder weil es der Arzt verordnet hat, diese Ruhezeit zu nehmen. Warum und wie vielfältig die Beweggründe auch sind, sich auf einen Pilgerweg zu machen, ist nicht das Entscheidende. Hauptsache, man macht sich auf diese Reise. Das Besondere an Pilgerreisen ist, dass die Motivation und der Wille von Anbeginn vorhanden sind oder sein sollten. In einer Zeit, in der immer mehr von einem selbst abverlangt wird, sowie in Familie und Beruf fehlt es oft an Auszeiten im Leben. Momente, in denen ich mich nur auf mich selbst besinnen kann. Zeiten, in denen ich Mühen, Sorgen, Nöte und Ängste abzulegen versuche. Wir brauchen Auszeiten im Leben, damit wir unser Alltagsleben wieder mit neuem Schwung und Elan meistern können. Sehr oft findet auch eine Rückschau in die Vergangenheit statt. Wie ist mein Leben gelaufen? Welche Wege habe ich mit welchen Menschen zurückgelegt? Bin ich zufrieden mit meinem Lebensweg? Das sind Fragen, die einem bei einer Pilgertour in den Sinn kommen können. Ein Pilgerweg kann ein Gang zu sich selbst sein.

Solche Auszeiten bietet das Pilgern an. Es kann mir mein Leben und das meiner Mitmenschen neu vor Augen führen. Es kann dabei helfen, Entscheidungen vorzubereiten oder

Entscheidungen zu treffen. Pilgern kann mir dabei helfen, mein Leben neu zu fokussieren, zu zentralisieren. Mir hat über die Jahre hinweg das Pilgern immer wieder neu Antrieb gegeben. Durch die Zusammenkunft mit anderen Menschen und anderen Glaubensgemeinschaften wurde mein Horizont erweitert und ich habe für mich erkannt, dass ich mich selbst nicht so wichtig nehmen darf. Es kommt nicht darauf an, als Erster überall anzukommen, sondern dass ich mit Menschen menschlich unterwegs bin. Das Pilgern setzt einen neuen Akzent im Leben und kann eine Tür zwischen Gott und einem selbst öffnen.

Auf diesem Weg danke ich allen, die dazu beitrugen, dass ich dieses Buch verwirklichen konnte.
Vergelt's Gott!

Die erste Reise

Es war im Jahr 2000, als ich durch meinen Bruder, welcher Pfarrer ist, die Möglichkeit bekommen habe, mit seiner Pfarrei und meiner Mutter die erste Pilgerreise nach Israel anzutreten. Ich war 25 Jahre jung und gespannt, was mich erwarten würde. Im Kopf hatte ich ein Bild vom Heiligen Land, wie es sein müsste. Die Gebäude, die Menschen, das Essen, die Landschaft usw. Wie in den alten Monumentalfilmen habe ich mir das Land und die Menschen vorgestellt. Alte Bauten, fast überall Wüste. Menschen mit Turbanen und Frauen, die verschleiert umhergehen. Besondere Gerüche, die die Sinne betören. Manches hat sich bestätigt, doch vieles war komplett anders und auf manches war ich nicht vorbereitet.

Schon der Check-in am EL AL Schalter (Israelische Fluglinie) war etwas Besonderes. Es war klar, dass entweder ich oder meine Mutter von der Reisegruppe getrennt werden, um einzeln verschiedene Fragen zu beantworten. In solchen Dingen haben sie und ich immer Glück. Auch wenn bei Veranstaltungen jemand aus dem Publikum herausgezogen wird, sind meine Mutter oder ich fast immer dabei. Und so kam es auch. Diesmal wurde nicht ich von der Gruppe getrennt, sondern meine Mutter, die kein Wort Englisch, geschweige denn Hebräisch konnte. Sie schaute mich verstört und Hilfe suchend an. Ich wagte mich dann zu den Bediensteten von EL AL und teilte ihnen auf Englisch mit, dass meine Mutter kein Wort Englisch sprechen könne und ich ihr Sohn sei. Es wäre nett, wenn sie uns zusammen befragen würden. Unter den strengen Blicken vieler Polizeibeamter durfte ich dann meiner Mutter helfen. Die zahlreichen Fragen wurden einfach und präzise gestellt. Die Befragung dauerte ca. zehn Minuten und meine Mutter wurde schon ungeduldig. Auch ich war sehr nervös, denn ich wollte ja nichts falsch machen. Wenn dann auch noch hinter einem Sicherheitsbeamte mit Gewehren und Pistolen stehen, ist einem schon mal mulmig zumute. Genau das ist es, was mich sehr bewegt hat und immer wieder bewegt: dass so viele Polizeibeamte oder Soldaten/innen mit dem Maschinengewehr in der Hand in dem abgesonderten Abteil der israelischen Fluglinie anwesend waren bzw. immer noch sind. Heute weiß ich, dass es nur unserer Sicherheit dient, und wenn ich diesen Sicherheitscheck mit anderen Fluglinien vergleiche, fühle ich mich bei der israelischen Fluglinie bestens aufgehoben. Das Bild von vielen Sicherheitsbeamten wird mich ab jetzt die ganze Reise und auch auf meinen zukünftigen Reisen begleiten. Mittlerweile habe ich mich an diesen nicht so schönen, aber notwendigen Umstand gewöhnt, dass, egal wohin man schaut, oft jemand mit einer Waffe am Mann oder an der Frau steht. Wenn ich heute nach Israel fahre, plaudere ich häufig mit den Sicherheitsbeamten. Vor allem mit den israelischen Soldatinnen und Soldaten, die sehr nett und zuvorkommend sind, und auch ich habe das Gefühl, dass sie froh sind, wenn sie hier und da mit Menschen aus anderen Ländern reden können. Ich kann hier schon vorwegnehmen, dass ich fast immer auf sehr nette und hilfsbereite Menschen im Heiligen Land gestoßen bin, die offen und zuvorkommend waren.

Nachdem der erste Check-in abgeschlossen war, ging es zur zweiten Überprüfung: Reisepass und Flugticket. Alles sehr unproblematisch. Zu guter Letzt die Handgepäckkontrolle. Auch diese ging zügig vonstatten und unsere Gruppe konnte mit als eine der Ersten im Wartebereich Platz nehmen. Die Spannung wuchs in mir, denn ich suchte typische Israelis. Doch was ist typisch israelisch? Natürlich Männer und Frauen in Schwarz gekleidet – das war meine Vorstellung. Die Männer mit einer

Kippa oder einem Pelzhut auf dem Kopf, mit langen Bärten und langen Mänteln. Ist es nicht genau das Bild, das man von Juden erwartet? Und es dauerte und dauerte. Der Warteraum füllte sich mit normal gekleideten Menschen. Modern gekleidet, ein Unterschied zwischen ihnen und mir war nicht zu erkennen. Außer ihren wunderschönen tiefdunklen Augen. Ich habe selten so schöne Augen gesehen. Ich fragte mich, ob das Israelis sind, und so war es auch. Sofort überlegte ich, ob auch Jesus solche tiefdunklen, fast schwarzen Augen gehabt hatte. Wenn ein Mensch mit solch schönen Augen einen anschaut, fühlt man sich angesehen. Ein sehr besonderer Moment, den ich nicht vergessen werde. Wenn ich heute in Israel bin und mich irgendwo hinsetze, um einen arabischen Kaffee zu trinken, schaue ich immer in die Augen der vorbeilaufenden Menschen und bin stets aufs Neue fasziniert.

Dann endlich war es so weit: Meine Vorstellung von einem Juden wurde erfüllt. Ein alter Mann mit langem weißem Bart trat in die Wartehalle. Er hatte einen schwarzen Mantel sowie ein weißes Hemd an und auf dem Kopf einen schwarzen Hut. Ich musterte ihn von oben bis unten ganz genau. Dabei fiel mir auf, dass er sein Unterhemd nicht in der Hose hatte. Später stellte sich heraus, dass es das Untergewand mit den Zizit war, welches jeder strenggläubige Jude trug. Die Zizit trägt ein orthodoxer Jude quasi von Geburt an bis zu seinem Tod. Es sind Schaufäden, die mit der Thora in Verbindung stehen und auf das Gebet und den einen wahren Gott hinweisen. Das Judentum hat – wie auch die katholische Kirche – sehr viele bedeutende Riten und Zeichen. All diese Dinge sollen zu Gott hinführen. Symbole und Zeichen faszinieren mich seitdem immer mehr, denn sie deuten über sich hinaus auf etwas anderes hin.

Ich war glücklich, endlich einen orthodoxen Juden zu sehen. Klingt komisch, wenn man das so niederschreibt, aber so war es. Das ist es, was einem Pilger widerfährt. Er malt sich vorab aus, was ihn erwartet. Manchmal trifft es zu, manchmal nicht.

Der Einstieg ins Flugzeug verlief problemlos. Sehr nette Stewardessen begrüßten uns mit einem „Schalom". Und da war es, das erste hebräische Wort, Schalom (übersetzt: Frieden).

Ich dachte mir: Wie schön, mit solch einem Wunsch begrüßt zu werden. Frieden! Einfach nur beeindruckend. Im Nachhinein fiel mir auf, dass auch die Araber zur Begrüßung Frieden wünschen, „Salam". Aber wie surreal, denn die beiden Völker, die sich schon bei der Begrüßung „Frieden" wünschen, haben ihn in ihrem Land selten. Dieser Gedanke lässt mich bis auf den heutigen Tag nicht los. Solch ein verbindendes Element, dieses wundervolle Wort „Frieden", und dann schaut man der Realität ins Auge. Schade!

Der Flieger hob ab und der Service begann. „Chicken or Beef?", wurden wir gefragt. Ich wählte wie auch später immer Chicken. Der Duft des warmen Essens erfüllte das Flugzeug. Es roch herrlich. Als wir unser Essen auf den kleinen Tisch gestellt bekamen, fiel mir direkt eine braune Pampe mit Öl auf, dazu ein Stück Brot, frische Tomaten und eben Hähnchen. Probieren geht über Studieren und man isst, was auf den Tisch kommt, das habe ich von meinen Eltern gelernt, wofür ich sehr dankbar bin. Ich bin also ein neugieriger *Pilger*, besonders was das Essen angeht. Das Chicken war würzig und wohlschmeckend, der Salat ein Gedicht und dann ging es an die braune Pampe. Wow, dachte ich mir, was ist denn das? Hummus wurde der Brei genannt und ich konnte und kann seitdem nicht mehr genug davon bekommen. Kichererbsenpüree mit frischem Olivenöl. Gigantisch! Ich fragte meine Mutter, ob ich ihren Hummus auch noch essen dürfe. Bei der Stewardess bestellte ich mir noch ein Stück Brot und zu guter Letzt habe ich den Hummus meines Bruders auch noch weggeputzt. Dazu einen tollen israelischen Wein. So konnte die Reise weitergehen. Mit vollem Bauch lehnte ich mich zufrieden zurück und träumte von den bevorstehenden Tagen.

Der Flug war ruhig und verging im Nu. Von oben konnte man den Strand von Tel Aviv sehen. „Hügel des Frühlings" heißt Tel Aviv übersetzt. Eine oder sogar *die* Metropole des Nahen Ostens.

Nach einer sanften Landung bestaunte ich den wunderschönen hellen Flughafen Ben Gurion. Erbaut aus weißem Jerusalem-Kalkstein. Der Flughafen war offen, modern und hell gehalten. Für mich einer der schönsten Flughäfen, die ich kenne. Und dann wieder ein Check-in. Das hatte ich aber noch nie bei einer Ankunft am Flughafen erlebt. Warum sind Sie hier? Wohin wollen Sie? Wer hat die Reise ausgeschrieben? Noch viele solcher Fragen mussten wir wieder mal beantworten. Sicherheit geht nun mal vor. Es war alles gut.

In der Ankunftshalle wurden wir von unserem Reiseleiter begrüßt. Ein echter Israeli, nett und zuvorkommend. So ging es zum Hotel in Tel Aviv und unsere Pilgerreise konnte jetzt richtig starten. An viele Sehenswürdigkeiten kann ich mich nicht mehr genau erinnern. Zum einen ist es schon zu lange her und zum anderen erschlagen einen die Eindrücke einer ersten Pilgerreise nach Israel. Fast jeder Stein hat eine Bedeutung, fast jeder Ort ist biblisch belegt, jede Region besticht durch ihre Schönheit. Mir fiel auf, dass die meisten Pilger dieser Gruppe verunsichert waren. Was wird einem hier im Heiligen Land widerfahren? Wie ist die Sicherheitslage? Wird alles gut gehen? Wie werde ich meinen Pilgerweg begehen? Das waren Fragen, die sich manch einer stellte. Ich war mit Abstand der jüngste Pilger. Viele waren deutlich über 50 Jahre und es war für die allermeisten die erste Reise ins Heilige Land. Also für alle war es etwas ganz Besonderes. Es ist schwer wiederzugeben, was in einem gläubigen Menschen vorgeht, der auf den Spuren von dem läuft, der die Welt verändert hat und der für einen Dreh- und Angelpunkt des Lebens ist. Wer ins Heilige Land als Tourist reist, tritt mit einer anderen inneren Einstellung die Reise an als ein Pilger. Eine tiefe innere Anspannung unterscheidet uns, im Gegensatz zum klassischen Touristen.

Eine der Jordanquellen

Was mir von dieser Pilgerfahrt im Gedächtnis geblieben ist, war das Durchwandern/ Durchbeten der Via Dolorosa in Jerusalem. Ein Gewühle und Getümmel, lautes Geschrei und aufdringliche Verkäufer. Man konnte kaum die schmale Gasse der Via Dolorosa durchlaufen. Ich war schockiert und sagte zu meinem Bruder, dass das hier ja mal gar nicht ginge. Er lächelte mich an und sagte: „Glaubst du, dass es bei dem Kreuzweg Jesu anders zuging? Auch bei dem letzten Gang Jesu waren viele Menschen anwesend, die Gaffer, die

Verkäufer, die Jüngerinnen und Jünger. Glaubst du, dass Jesus diesen Weg aus Freude ging?"

Oh, das war ein Satz, der sich in mir festgesetzt hat. Seit diesem Tag habe ich die Via Dolorosa und die arabischen Menschen mit anderen Augen gesehen. Seit diesem Tag gehört das Durcheinander für mich dazu.

Der Gang endete an der Grabeskirche und ich bin aus dem Staunen nicht mehr herausgekommen. Viele Nationen, unterschiedliche christliche Religionen, auch untereinander Zerstrittene, teilen sich die Kirche. Eigentlich sollte man meinen, dass hier ein Ort der Ruhe, der Besinnung und des Friedens ist, aber genau das Gegenteil ist der Fall.

Ein Tohuwabohu, lautes Rufen, vielleicht auch Beten, ich konnte das nicht deuten. Manches sehr befremdlich, manches sehr vertraut. Die Unterteilung in den orthodoxen Bereich, den armenischen Bereich, den koptischen Bereich und den Bereich der Lateiner half nicht dabei, das Gewirr zu lösen.

Als Katholik fühlte ich mich in der Kapelle der Lateiner sicher und behütet. Hier konnte man zur Ruhe kommen, bis wir uns aufmachten, um in die Auferstehungskapelle einzutreten. Doch zuerst hieß es, sich in einer langen Schlange anzustellen. Die Aufregung war bei allen zu spüren, denn gleich sollten wir in einen Raum treten, in dem Unbeschreibliches geschehen war. Der Ort, wo die Erlösung vollendet wurde. Das Herz schlug in der Brust. Adrenalinausschüttung pur. Und dann war ich mit zwei weiteren Pilgern in der Kapelle. Klein und eng, eben ein Grab. Wenige Kerzen füllten den Raum mystisch aus. Die zwei anderen (älteren) Pilger knieten sich hin und ich spürte tiefen Glauben. Wenn man so etwas spüren kann. Auch ich ging auf die Knie und war sehr ergriffen von dem, was geschehen war. Es dauerte nur einen kurzen Moment, dann wurde uns zugerufen, dass wir herauskommen sollten, damit die anderen auch hinein könnten. Gerne hätten wir noch länger in dem Raum verweilt, aber es war auch nachvollziehbar, dass es so schnell gehen musste, denn jeder Pilger sollte die Chance bekommen, hier eintreten zu dürfen und dieses Glücksgefühl zu spüren. Hier spürte ich das erste Mal ein richtiges Pilgerfeeling. Unterwegs zu einem Ziel zu sein. Mein Ziel war die Auferstehungskapelle. Ich schaute meine zwei Mitpilger an und sah, dass sich ihre Augen mit Tränen gefüllt hatten. Ich konnte mit meinen 25 Jahren noch nicht verstehen, was die Pilger so bewegt hatte. Jahre danach konnte ich es, aber dazu später mehr.

In der Grabeskirche roch es nach Weihrauch. Immer wieder ging eine Prozession der unterschiedlichen Glaubensgemeinschaften durch die Kirche. Durch den Kerzenrauch war die Kirche sehr verrußt und dunkel. Wenn man aber den Pilgern in die Augen schaute, war dort eine heller Funke zu erkennen. Alles war beeindruckend. Jede Kirche, jeder Platz, jeder Hügel. Im Gedächtnis ist mir geblieben, dass ich die Ortsnamen fotografiert habe. Warum, kann ich gar nicht mehr genau sagen. Vielleicht um festzuhalten, dass ich hier war. Ein kleiner Beweis?! Ich war Pilger unter Pilgern. Nicht mehr und nicht weniger.

Einen weiteren beeindruckenden Moment erlebte die Gruppe beim Besuch der Holocaust-Gedenkstätte Yad Vashem. Was der Verstand nicht fassen kann, versucht das Herz zu begreifen. Wir waren im Vorhinein durch unseren Reiseleiter auf diese Gedenkstätte vorbereitet worden, doch in der Rückschau kann ich nur sagen, dass Worte nicht ausdrücken können, was das Auge dort gesehen hatte. Vom ersten Moment des Betretens der Erinnerungsstätte war die Pilgergruppe sehr ruhig. Ich glaube, gerade als Deutscher geht man im Land Israel besonders sensibel mit unserer Geschichte um. Der israelische Leiter sprach absolut nüchtern und ohne jegliche Schuldzuweisung über das Thema. Nach der kurzen Ansprache konnte jeder allein in der

Gedenkstätte umhergehen. In der Halle der Seelen war es für viele Pilger sehr schmerzhaft, anzusehen und anzuhören, welche Gräueltaten an unzähligen Unschuldigen begangen worden waren. Es tat gut, dort die Allee der Gerechten zu betreten, wo Menschen sich dem Widerstand verpflichtet hatten und sich unter eigener Lebensgefahr für andere einsetzt hatten. Im Land Israel muss man sich auch mit der schmerzhaften Vergangenheit auseinandersetzen. Man bekommt die schrecklichsten Seiten eines Menschen vor Augen geführt. Mir fiel ein Satz ein, der ab diesem Tage für mich eine sehr tiefe innere Verbindung zum jüdischen Volk herstellte: Im KZ Auschwitz wurde ein jüdisches Kind erhängt, und viele mussten dieser Tötung zuschauen. Da das Kind so abgemagert war, brach das Genick des Kindes nicht, und so war das Sterben ein schlimmer Kampf. Ein Häftling rief in die Gruppe, in der sich auch viele Christen befanden: „Wo ist nun euer Gott?" Eine Stimme erklang: „Er hängt dort am Galgen!"

In Gedanken versunken, hier in Yad Vashem, habe ich nur noch beten können: „… und vergib uns unsere Schuld." Natürlich haben die Personen der Pilgergruppe kein Blut an ihren Händen kleben und das Bewusstsein, selbst Schuld mitzutragen, sollte keiner von uns haben. Jedoch müssen wir mit unserer Geschichte leben, denn durch die Geschichte wird jeder Mensch geprägt. Auch das gehört zum Pilgern in Israel dazu. Sich mit der dunkelsten Vergangenheit auseinander zu setzen.

In all den Jahren die ich nach Israel pilgere, bin ich nie negativ auf meine Herkunft angesprochen worden. Eher wurde mir in Gesprächen die innere Scham genommen. Mir sagte einmal ein Israeli: „ Du bist doch kein Täter gewesen, aber du bist nun ein guter Vermittler unter Freunden." Dies hat mich zu Tränen gerührt. Und er hat Recht! Ich war das nicht und ich lasse mir die Taten in keinster Weise ankreiden.

Ich für meinen Teil bin nicht stolz auf die Geschichte, aber stolz auf die Gegenwart und erwarte eine gute Zukunft miteinander. Man darf die Vergangenheit nie vergessen, sondern muss daraus lernen.

Ein arabischer Hirte, im Hintergrund die Mauer zum Westjordanland

Wie mir die Natur bei der ersten Reise geholfen hat, muss ich noch schildern. Nachdem wir zu Beginn unserer Reise mehrere Tage am See Genezareth gewohnt hatten, unternahmen wir einen Ausflug zu den Jordanquellen. Genauer gesagt zu den Banjasquellen. Der Jordan wird durch drei Quellen gespeist. Wir wanderten nun diesen wunderschön gelegenen Bachlauf entlang. Manche von uns zogen sich die Schuhe und Strümpfe aus und gönnten ihren Füßen im kühlen Nass eine kurze Erholung. Mir war überhaupt nicht danach, denn seit mehr als drei Tagen konnte ich nicht mehr zur Toilette gehen und hatte durch diesen Umstand enorme Bauchkrämpfe. Es war nicht mehr feierlich. Zwischendurch musste ich mich hinhocken und langsam durchatmen. Diese Situation war mir sehr unangenehm, doch irgendetwas musste geschehen. So ging ich zu unserem israelischen Reiseleiter und fragte ihn, ob wir auf der Rückfahrt an einer Apotheke halten könnten, damit ich mir Abführmittel kaufen könnte. Er sagte mir, dass das so manche Pilger bei der ersten Reise ins Heilige Land haben. Das ungewohnte Essen und vor allem die Oliven seien dafür verantwortlich. Ich solle mal mit ihm gehen, denn in der Nähe würde ein Beduine wohnen, der mir helfen könne. So gingen wir beide in den nahe gelegenen Wald und nach 300 Metern stand dort eine alte kleine Hütte. Vor dem Haus saß ein betagter alter Mann mit weißem Haar und einem Turban auf dem Kopf. Unser Gruppenleiter sprach mit ihm und er verschwand in seiner Hütte. Nach 2 Minuten reichte er mir einen Tee, legte noch ein kleines Büschel Minze hinein und lächelte. Jossi, unser Reiseleiter, übersetzte mir: „Heute Abend ist wieder alles okay!" Ich überlegte kurz, was ich da jetzt wohl trinken würde, aber die Schmerzen waren wieder da, und ich dachte nur: Es kann nicht schlimmer werden. So trank ich den Tee, der sehr wohltuend war. Und ich kann nur sagen: Die Natur ist ein fantastischer Arzt. Am Abend hätte ich durch einen Strohhalm machen können. Seit dieser Zeit hatte ich nie wieder Probleme mit dem Essen. Die alten Hausmittel helfen doch am besten. Dieses Wissen um die Heilkräfte der Natur darf nicht verloren gehen. Gerade in Israel findet man viele Kräuter, welche in verschiedenen Situationen helfen können. Bevor ich heute zur Apotheke laufe, überlege ich erst, ob es nicht ein natürliches Mittel gibt, das mir helfen kann.

Die zweite Reise

Genauso trat ich 2005 meine zweite Pilgerreise an. Dieses Mal wusste ich, worauf ich mich einlasse. Dachte ich zumindest. Es war ein anderes Reiseunternehmen. Das soll nicht heißen, dass es schlechter war. Nein, einfach nur anders. Und die Menschen waren anders. Hier flog Geld mit. Das soll heißen, dass die Reiseteilnehmer wohlhabend waren. Dies konnte man an ihren Kleidern und am Anfang der Reise auch an ihren Ausdrucksformen und ihrem Verhalten erkennen. Aber ich bemerkte, dass bei einer Reise nach Israel Geld keine Rolle spielte, außer bei den Souvenirs. Interessant war, zu erkennen, dass man mit jedem Tag des Pilgerns bodenständiger wurde. Eine Pilgerrreise kann einen wieder auf den Boden der Tatsachen zurückführen. Man besann sich auf die wichtigen Dinge im Leben und die großen Fragen tauchten auch in dieser Gruppe auf: Wer bin ich, wo gehe ich hin, was ist das Ziel meines Lebens und wie soll ich dieses Leben weiter gestalten? Es war eine sehr kleine Gruppe und ob diese Reise überhaupt angetreten werden konnte, stand noch in den Sternen, da die Zweite Intifada begonnen hatte. Auseinandersetzungen in Israel gibt es ja immer wieder zwischen Juden und Palästinensern, doch dieses Mal war es anders als sonst. Hass, Gewalt und Demonstrationen waren an der Tagesordnung. Es war der Zeitraum, wo an israelischen Bushaltestellen Sprengstoffanschläge verübt wurden und wo der Konflikt zwischen israelischen Siedlern und der arabischen Bevölkerung fast schon kriegerisch ausartete. Wir reisten dorthin, wo Krieg und Terror wüteten. Diese Tatsache war mir nicht so richtig bewusst gewesen. Vielleicht hing das auch mit meinen recht jungen Lebensjahren zusammen. Der Flieger war nur halb voll besetzt und die Sicherheitskontrollen waren noch intensiver als beim ersten Mal. Im Land selbst merkte man kaum etwas davon, bis auf die Tatsache, dass die Pilger fehlten. Wir konnten überall hingehen und fanden immer Platz oder genug Zeit, um zu beten oder miteinander zu reden. Den Tempelberg konnten wir besteigen, durften jedoch nicht mehr in die Moscheen. Dies wurde von der islamischen Religionsbehörde, aus Trotz gegenüber den Israelis, verboten. Aber dieses Thema ist zu schwierig, um hier darüber zu schreiben. Die Bewohner des Heiligen Landes sind ohnehin ein sehr freundliches Volk, doch bei dieser Reise begrüßte man uns extrem herzlich. Es waren nur sehr wenige Pilger im Land und umso freundlicher wurden diejenigen begrüßt, welche es wagten, trotz alledem hierher zu reisen. Fast überall wollte man mit uns reden. Man lud uns zu einer Tasse Tee oder zu einem arabischen Kaffee ein. Es war insgesamt eine recht seltsame Stimmung. Viele waren angespannt. Wenn wir abends dann zusammengesessen haben, sprachen wir darüber und es tat gut. Überall auf den Straßen war das Militär präsent. An den wichtigsten Sehenswürdigkeiten standen viele Soldaten, um die Sicherheit der Pilger zu gewährleisten. Als wir auf dieser Reise in Richtung Betlehem fahren wollten, machten wir Station an einem Bauwerk, welches nur wenige Pilger zu sehen bekommen. Es waren drei große Säulen aus Beton. Auf ihrem Plateau waren drei Olivenbäume gepflanzt, welche um die Wette blühten. Der Olivenbaum gilt als der Baum des Friedens und die drei Säulen sollten die drei monotheistischen Religionen darstellen. Gerade in dieser Zeit fand ich es perfekt, dass unser Reiseleiter uns an diesen Platz führte. Ein tolles Bild prägte sich mir im Gedächtnis ein. Auch bei dieser Reise war ich Pilger unter Pilgern und genoss Land und Menschen. Ich machte mir aber noch keine großen Gedanken darüber, dass manche Pilger sich von anderen unterschieden. Dies stellte ich bei der Reise ins

Heilige Land 2007 fest. Doch zuvor muss ich auf das Jahr 2006 zurückblicken. Tief greifende persönliche Erlebnisse haben meine Sicht auf das Leben verändert. Seit diesem Zeitpunkt bin ich anders nach Israel gereist. 2005 wurde meinem Vater mitgeteilt, dass er an Lungenkrebs erkrankt sei. Ein lange Zeit des Hoffens und Bangens, ein Auf und Ab, zehrten an unseren Nerven. Aber auch die Gottesbeziehung änderte sich. Man konnte an der Tatsache Krebs zugrunde gehen oder im Glauben wachsen. Beides verständlich und nachvollziehbar. 2006 wurde mein Vater von seinem Leiden erlöst. Es musste danach vieles geregelt werden und wir Kinder wollten unsere Mutter unterstützen. In diesem Jahr wuchs der innere Drang, dass ich nach Israel musste. Mit einer Gruppe oder alleine, das war noch die Frage, die in mir wuchs. Ich war ein suchender Pilger geworden.

Ja, man kann auch zu Hause pilgern.
Die Frage ist nur, ob man sich zu Hause die Zeit nimmt, um wirklich zu sich zu kommen. Man könnte dies oder jenes noch erledigen. Kurz noch einkaufen, den Garten herrichten – das sind Arbeiten, die von der inneren Einkehr ablenken würden. Daher war das Pilgern zu Hause für mich keine Option. Ich musste und wollte weg. Mir wurde klar, dass ich etwas in meiner Beziehung zu Gott klären musste. Natürlich lässt sich Gott überall finden, wenn wir bereit sind, ihn zu suchen. Ich aber wollte in das Land, wo er sich sein auserwähltes Volk erkoren hat, wo er selbst in den Schuhen Jesu gewandert ist. In das Land, wo Milch und Honig fließen. Ich wollte wieder nach Israel.
Die innere Suche, die Unruhe, die sich in einem ausbreitet. Wenn man das so sagen kann: Ich wurde kribbelig. Eine Leere machte sich in mir breit, welche wieder gefüllt werden wollte. Und ich wollte Antworten, eine

Antwort darauf, warum der frühe Tod meines Vaters sein musste. Ich habe das Freunden immer so beschrieben:
Wenn ein Vater geht, ist das, als würde der schützende Schirm über einem zusammenbrechen. Man ist schutzlos Wind und Wetter ausgeliefert.

Ich suchte also nach Schutz, ja, ich suchte nach etwas, was mir Schutz in stürmischen Zeiten geben konnte. Diese Suche nach Antworten ist mir dann in Israel gelungen. Das soll aber nicht heißen, dass man nach Israel fährt und alles gut ist. Nein, das nicht. Ich glaube, dass ich einfach Glück hatte. Es war das richtige Land zum richtigen Zeitpunkt. Es passte einfach.

Jetzt war nur noch die Frage offen, was ich in Israel erleben und wie ich leben wollte. Wie bisher als pilgernder Tourist oder sollte ich einmal etwas ganz Neues versuchen? Ein Volontariat im österreichischen Hospiz. Kein Hospiz im eigentlichen Sinne, sondern mittlerweile umfunktioniert zum Gästehaus. Im Internet wurde ich dann schnell fündig. Aufgabengebiete wie Zimmerreinigung, Gartenarbeit, Küchenhilfe und Frühstück- sowie Abendessenservice waren Möglichkeiten, bei denen man eingesetzt werden konnte. Im Gegenzug hatte man dafür Kost und Logis frei. Fünfeinhalb Wochen, über Ostern, im Heiligen Land. Das war es, was ich machen wollte, denn wenn man in einem Land mit den Einheimischen zusammenarbeitet, erlebt man Land und Leute von einer ganz anderen Seite.

In der ersten Woche musste ich mich erst einmal zurechtfinden. Im österreichischen Hospiz und vor allem in der Altstadt Jerusalems. Die vielen engen Gassen laden ein, sich zu verlaufen. Im Haus wurde ich von den Zivildienstleistenden, die im Gästehaus ein Jahr ihren Dienst ableisteten, angelernt. Zu zwei Leuten habe ich immer noch Kontakt und bin sehr dankbar dafür. Das Hospiz ist mitten in der Altstadt gelegen, zentraler geht es kaum. Direkt an der

Via Dolorosa, dem Kreuzweg Jesu. Besser hätte ich meine Wahl nicht treffen können. Vielleicht ist es auch Fügung von oben gewesen, wer weiß das schon.

Bei dieser Reise fand ich den Zugang zum Berg Golgota, dem Ort, an dem Jesus ans Kreuz geschlagen wurde und gestorben ist. Hier habe ich verstanden, warum viele nach Israel pilgern, warum ich immer wieder nach Israel muss. Es ist für einen gläubigen Menschen ein zentraler authentischer Ort. Hier ist der Golgothafels nachgewiesen. Er liegt heute recht zentral in der Altstadt; damals, zur Zeit Jesu, war dieses Gebiet außerhalb der Stadtmauer gelegen.

Gerade die Zeit über Ostern habe ich bewusst als Auszeit gewählt. Ostern zu erleben an dem Ort, wo für mich und viele andere Menschen die Erlösung begonnen hat, war die beste Entscheidung, die ich je getroffen hatte. Die Wochen über Ostern wurden für mich zu einem Pilgern der Superlative. Ich vergesse nie die Aussage eines Juden, der in Jerusalem wohnte: „Ab Palmsonntag gehört Jerusalem den Christen!" Dies war auch so! Wo man hinschaute: Pilger über Pilger. Im österreichischen Hospiz war kein Platz mehr frei. Man spürte eine geheimnisvolle Anspannung in der Stadt. Dies rührte auch daher, dass das Paschafest der Juden mit dem christlichen Osterfest zusammenfiel. Somit war in Jerusalem ein Schmelztiegel, der durch viele Pilger, aber auch Polizei und Militär auf den Straßen gekennzeichnet war.

Ein Ort, der zu einem meiner Lieblingsplätze in Jerusalem geworden ist, ist der Garten Gethsemane. Dieser Platz, gekennzeichnet durch seine uralten Ölivenbäume und mit seinem Blick auf die Altstadt Jerusalems, lässt das Herz höher schlagen. In der Karwoche über den Ölberg zu pilgern wurde zu einer schönen täglichen Gewohnheit. Wo ich noch nicht eingekehrt war, war die Grotte von Gethsemane unterhalb des Hügels, da man diesen Ort sehr gerne übersieht. Es war kurz vor zwölf und der griechischorthodoxe Priester wollte zur Mittagszeit schließen. Ich trat an ihn heran und bat ihn, mich kurz hineinzulassen, um ein Lied singen zu dürfen. Er stimmte zu, und ich setze mich in die dunkle Grotte und begann zu singen. Als ich das Lied zu Ende gesungen hatte, wollte ich die Grotte verlassen. Der Priester bat mich, weiter zu singen und ich stimmte zu. Er schloss die Türe und setzte sich auf den hintersten Stuhl. Ich sang Passionslieder, die mir einfielen, und machte lange Pausen zur Besinnung. Nach ca. einer Stunde stand ich auf und wollte den Ort der Besinnung verlassen. Der Priester trat auf mich zu und sagte, ich solle bitte warten, was ich auch tat. Er verschwand kurz und trat dann wieder vor mich. Er überreichte mir ein Schaubrot, versehen mit dem Jerusalem-Symbol der fünf Kreuze, und drückte mich herzlich. „Vielen Dank!", sagte er mir. „Das war für mich wieder ein Glücksmoment, den man hier in Israel erleben darf." Total überrascht, ja schockiert, sah ich den Priester an. Was Musik bewirken kann, welche Gefühle sie ausdrücken und hervorrufen kann, ist fantastisch. Er meinte zu mir, heute wäre er ein Pilger gewesen und durch den Gesang geleitet worden. Ich war sehr gerührt von seinen Worten. Auch das war so ein Moment, den man nicht vergessen wird. Begegnungen, die man macht und die einen prägen. Sich einfach mal einlassen auf andere Menschen. Er hätte auch um 12 Uhr die Türe schließen können, denn auch diejenigen, die auf die heiligen Orte achten, haben eine Mittagspause verdient. Aber er ließ es zu. Vielleicht war es Zufall, vielleicht Glück, vielleicht Fügung von oben, dass der Priester und ich uns dort trafen. Es ist mir egal; ich bin einfach nur dankbar für diesen Moment. Durch diesen Ort bewegte sich etwas in meinem Herzen. Wir beide hatten eine Stunde der inneren Einkehr in der heiligen Woche.

Das sind Begegnungen, die man nicht vergisst. Gott sei Dank!

Am Gründonnerstag konnte ich am Ölberg verweilen. An der Stelle, wo Jesus zwischen den Olivenbäumen in Todesangst den Vater um das Vorübergehen des Todeskelches bittet. Diesen mystischen Ort kennzeichnen uralte Bäume, vielleicht noch aus der Zeit Jesu, und in der Mitte die Kirche der Nationen. Diese Kirche besticht durch ihre blau-violetten Fenster. Eine düstere Stimmung charakterisiert diesen Ort der Stille. Am Gründonnerstag war der Ort aber anders als sonst. Überall wo man hinsah, konnte man Jugendliche sehen. So viele junge Menschen, so viele junge Pilger ließen mein Herz höher schlagen. An diesem tragischen Ort der Geschichte war die Zukunft der Kirche anwesend. Dort hatte ich eine weitere außergewöhnliche Begegnung.

Die Frau eines österreichischen Politikers war am Ölberg anwesend. Alleine stand sie auf dem Weg zwischen den Olivenbäumen. Sie hatte wohl den Anschluss an ihre Gruppe verloren und kam auf mich zu. Sie sprach mich zuerst in französischer Sprache an, da ich dies aber nicht verstehe, ging sie zur englischen Sprache über. „Wohnen Sie nicht im selben Haus wie ich?", fragte sie mich. „Ja natürlich, wie kann ich ihnen helfen?", gab ich zur Antwort. „Und, wir können uns auch auf Deutsch unterhalten." Sie lächelte und sagte: „Ich habe meine Gruppe verloren und weiß den Weg nicht mehr nach Hause". Ich sagte ihr, sie könne sich mir gerne anschließen, und wir würden dann am Ende der Prozession gemeinsam zurückgehen. Wir nahmen an einem wunderbaren religiösen Glaubensweg teil. Vom Ölberg bis zum Haus des Kajaphas, in dem sich zur damaligen Zeit auch das Gefängnis Jesu befunden hatte. Eine der letzten Stationen Jesu auf dem Weg nach Golgota. Das Beeindruckende waren die vielen Jugendlichen. Gerade am Gründonnerstag, dem Beginn des Triduums (die drei österlichen Tage), und am Kreuzweg Jesu erwartet man eigentlich eine eher trübselige

Stimmung, doch es war ganz anders. Die vielen Jugendlichen sangen fröhliche Lieder, unterstützt durch ein paar Gitarren. Es war so surreal, aber gleichzeitig sehr ergreifend. Diese jungen Christinnen und Christen waren tiefgläubige Pilger. Denn gerade in einem Land, wo man die religiöse Minderheit der Bevölkerung darstellt und einem hier und da Anfeindungen begegnen, ist es umso bemerkenswerter, wenn man offen auf die Straße tritt und seinen Glauben öffentlich zur Schau stellt und sich zu ihm bekennt. Ich habe größten Respekt vor solchen Menschen. Dann kamen wir an dem Haus des Kajaphas an. Die historischen Treppenstufen (vermutlich noch aus der Zeit Jesu) waren übersät mit Kerzen und überall saßen und sangen die jungen Leute.

Authentische Stufen aus der Zeit Jesu, zum Haus des Kajaphas, wo sich auch
das Gefängnis befindet, in dem Jesus an Gründonnerstag bis Karfreitag gefangen
gehalten wurde

Mir wurde heiß und kalt; ein Schauer lief mir den Rücken
hinunter und ich war von dieser Situation sehr angetan. Nach
einer Stunde machte ich mich dann mit der Pilgerin, die ihre
Gruppe verloren hatte. auf den Rückweg. Wir gingen durch
die Suks, welche alle geschlossen waren.

Eine besondere Ruhe lag über der Altstadt von Jerusalem.
Man spürte das Knistern. Es kam das Gefühl hoch, man
würde auf etwas warten. Am Ostermorgen verstand ich,
worauf. Man wartete auf Ostern!

Nachdem ich tief beeindruckt in die Koje gesunken war, hatte ich eine sehr kurze Nacht. Ich musste am nächsten morgen früh aufstehen, denn ich hatte mit einem Zivildienstleistenden vereinbart, den Kreuzweg um 5.00 Uhr zu beten. Wir hatten dies im Haus öffentlich ausgeschrieben und ein paar Pilger waren da, um den besonderen Tag mit einem besonderen Gebet zu beginnen. Eine ganz tiefgreifende Ruhe überkam uns alle. Am Karfreitag, alleine, nachts oder am frühen Morgen den Kreuzweg auf der Via Dolorosa zu beten, hat bleibende Spuren bei mir hinterlassen. An jeder der 14 Kreuzwegstationen hielten wir inne und ließen unseren Gedanken Raum. Leider konnten wir die letzten Passionspunkte nicht erreichen, da sie in der Grabeskirche liegen und diese noch verschlossen war.

Als wir wieder am Haus angekommen waren, ging ich meiner Arbeit rund ums Haus nach. Beim Frühstück kam der Ehemann der Frau, die gestern alleine am Ölberg gestanden hatte, auf mich zu. Er bedankte sich herzlich, dass ich mich seiner Frau angenommen hatte. Ein schöner Moment, denn man spürte, wie dankbar er war. Und das ist es doch, worauf es ankommt: dass sich Pilger um Pilger kümmern, denn das gemeinsam verbindende Element schafft eine direkte Beziehung. Ich bemühte mich, so schnell wie möglich mit meiner Arbeit fertig zu werden. Man kann es im Fernsehen schon mal sehen, wie Pilgermassen in der Via Dolorosa stehen und auf den Beginn des Kreuzweges warten, aber wenn man mitten in dem Gewühl von oben zuschaut, ist das etwas ganz anderes. Und dann ging es los. Man sah nur noch Kreuze und Pilger, die weinten. Manche riefen laut oder besser gesagt, sie schrien. Militär und Polizei waren überall anwesend. Rauszugehen habe ich mich ehrlich gesagt nicht getraut, es reichte mir, das Spektakel von oben anzusehen. Manch einer kann mit solch einem Ausdruck der

Frömmigkeit nichts anfangen, anderen ist es ein Bedürfnis, den Glauben so auszudrücken. Das muss jeder für sich persönlich entscheiden.

Pilger am Karfreitag in der Via Dolorosa

Plötzlich war eine seltsame Ruhe auf der Straße. Sehr beeindruckend. Ich schlenderte durch den wunderschönen Garten des österreichischen Hospizes und entdeckte eine Rose. Solch einen Duft hatte ich noch nie bei einer Rose wahrgenommen. Fantastisch! Seit dieser Zeit habe ich die Rose bei mir in der Wanderbibel und sie duftet immer noch, und das nach mehr als zehn Jahren. Die Rose bringe ich gedanklich in Verbindung mit dem Kreuzweg Jesu.

Eigentlich ist die Rose durch mein Abschneiden tot, doch der Duft und die Erinnerung hält sie lebendig.

Nun muss ich zunächst noch eine besondere Begebenheit schildern, bevor ich mit den Geschehnissen des Abends fortfahre.

Die Mentalität der arabischen Bevölkerung ist liebenswürdig, aber speziell. So kann ich als Pilger von zwei besonderen Ereignissen erzählen. Durch eine junge Frau, die auch einen Volontärdienst im österreichischen Hospiz absolviert hatte, durfte ich deren Bekannten in der sogenannten christlichen Quaterroad kennenlernen. Die christliche Quaterroad ist eine Verkaufsstrasse oberhalb der Grabeskirche in der Altstadt. Dort stellten sie mir den Besitzer vor und es wurde direkt ein Tee angeboten. Unser Gespräch war offen und herzlich. Am Ende unseres Treffens sagte er zu mir: „Christian, in der Zeit, in der du hier in Jerusalem arbeitest und bei mir einkaufst, musst du nicht mit mir verhandeln. Wenn du danach noch mal ins Heilige Land kommst, sieht die Sache anders aus. Dann behandele ich dich wieder wie jeden anderen." Ich musste lachen und wusste genau, was er meinte. Meine Mitbringsel für die Daheimgebliebenen habe ich in dieser Zeit fast ausschließlich dort geholt. Ich wusste dass ich nicht mehr verhandeln musste. Im selben Zeitraum ist mir dann aber auch die unangenehme Seite von Verkäufern aufgefallen. Es war kurz zuvor bei einem anderen Händler gewesen. Dort wollte ich die Souvenirs im Laden anschauen. Mit meinem Rucksack blieb ich an einem Kerzenhalter hängen. Als dieser zu Boden fiel, wurde er beschädigt und der Händler stürmte auf mich zu. „Das ist echtes Silber und sehr teuer!" Mir wurde heiß und kalt und ich wusste nicht, was ich tun sollte. Er sagte, der Kerzenhalter würde über 30 € kosten! Mir war klar, dass – wenn ich diesen Kerzenhalter einfach so erstanden und mit dem Verkäufer gefeilscht hätte – es vielleicht nur 5 € geworden wären. Durch seine impulsive Art blieben aber vor der Türe schon andere Leute stehen und schauten dem Spektakel zu. Ja, und genau das war es. Der Verkäufer redete so schnell, so laut und so viel, dass mir ganz schwindelig wurde. Man hätte denken können, an diesem Kerzenständer hinge seine ganze Existenz. Ich wollte nur noch raus aus diesem Laden! Ich gab dem Verkäufer die 30 € und plötzlich wurde er ganz zahm. Ob ich nicht noch etwas kaufen möchte, fragte er mich. Jetzt war mir alles klar: Der hatte mich so richtig übers Ohr gehauen. Ich schaute ihn an, drehte mich um und verließ schweigend den Laden. Ja, als Pilger muss man aufpassen. So etwas ist mir aber auch nur einmal passiert. Jetzt achte ich wie ein Luchs auf mein Gepäck und warne meine Pilgergruppe im Voraus.

Einige Jahre später durfte ich dann mein Verhandlungs-geschick zeigen. Eine Pilgerin wollte gerne eine Olivenholz-krippe für sich kaufen und fragte mich, ob ich ihr beim Verhandeln helfen könne. Ich fragte die Pilgerin, wie viel sie maximal ausgeben wolle? Ihr Limit lag bei 40 €. Nun bat ich sie, bis auf 35 € ihr Portmonee zu leeren, und in mein Portmonee legte ich nur 5 € und ein paar Münzen. Im Laden wurden wir wieder herzlich begrüßt und uns wurde natürlich Tee gereicht. Die Frau ging auf eine Krippe zu und fragte den Besitzer nach dem Preis. Ich weiß es nicht mehr genau, aber ich glaube, er nannte etwas über 80 €. Das war natürlich viel zu viel und ich gesellte mich zu den beiden. Ich sagte zur Pilgerin, sie solle ihre Tasche öffnen und dem Besitzer zeigen, wie viel Geld sie noch habe. Der Verkäufer schaute mit Interesse zu. Doch als er nur 35 € sah, wurde er schon etwas mürrisch. „Und du?", fragte er mich. „Wie viel hast du noch?" Auch ich öffnete meinen Geldbeutel und der Besitzer sah die 5 € und die wenigen Münzen. Er wurde immer störrischer und dann sagte er in einem lauten Tonfall: „Ja, dann gebt mir eben alles, was ihr im Portmonee habt." Das taten wir auch und er übergab uns die schöne Krippe. Ich zwinkerte der Pilgerin zu und wir verließen zufrieden den Laden. Als Pilger muss man feilschen.

Aber zurück zum besagten Abend des Karfreitags. Spät nachmittags wollte ich mir dann auch mal das Treiben um die Grabeskirche anschauen. Menschenmassen, kein Durchkommen. Und dann plötzlich helle Aufregung. In der Kirche hatten sich wieder zwei Religionsgemeinschaften gestritten. Diesmal nicht nur verbal. Sogar das Militär musste in die Grabeskirche eintreten, um den Gewaltexzess zu beenden. Ganz schlimm fand ich die Situation. Alle glauben daran, dass Jesus für uns alle den Kreuzweg aus Liebe gegangen ist, und dann so etwas. Als Christ habe ich mich für alle fremdgeschämt. Ich fing an nachzusinnen und stellte mir vor, wie Jesus vielleicht in diesem Moment reagiert hätte. „Sie haben nichts verstanden", wäre eine Reaktion gewesen, die ich mir von Jesus hätte vorstellen können. „Aber auch für Sie bin ich gestorben!", hätte er vielleicht gesagt. Dies sind eben auch Momente, die einem als Pilger passieren können. Ich war total schockiert. Es gibt eben nicht nur Glücksmomente im Leben eines Pilgers.

Was aber eines der prägendsten Erlebnisse für mich war, möchte ich kurz wiedergeben. Auch wenn ich im österreichischen Hospiz gearbeitet habe, stand diese Reise für mich doch unter dem Thema „Pilgern". Ich wollte zu mir selbst pilgern und erhoffte mir Antworten auf viele Fragen, die sich in mir angesammelt hatten.

Es war ein schöner sonniger Tag und ich hatte vor, die Grabeskirche genauer zu erkunden. Man geht durch die Via Dolorosa zur Eingangstür der Grabeskirche, dann scharf rechts und man steht auf dem Plateau des Golgothafelsens.

33

Hier kamen mir der Leidensweg meines Vaters und der Leidensweg Jesu in den Sinn. Ich erkannte die Parallelen und in mir wurde es heiß und kalt. Still durfte ich eine Weile dort knien und meine Hand berührte den Felsen. Ich spürte einen besonderen Zugang zu dem Geheimnis von Leid und Tod. Jesus hatte hier gelitten und sein Leben hingegeben. Er hatte gelitten wie so viele Menschen heute leiden oder gelitten haben. Sei es, dass sie körperliche Leiden zeichnen oder, was immer häufiger vorkommt, die Seele erkrankt ist. Jesus hatte teilgenommen an unserem Leben in vollem Umfang.

Das Beruhigende war, dass unweit dieser ehemaligen Todesstätte die Auferstehungskapelle war. Pure Hoffnung, einzigartige Freude. Leben in Fülle. Jeder, der einen lieben Menschen verloren hat, hält immer wieder Rückschau. Mit einem lieben Menschen stirbt auch ein Teil von uns selbst. Es ist aber tröstlich, zu wissen, dass nichts verloren geht, sondern aufgefangen wird durch die Güte dessen, der auf Golgotha sein Leben ließ. So war ich bestimmt eine halbe Stunde nur auf Golgotha im Gebet versunken. Als ich von dem Plateau die steilen Stufen hinunterstieg, trieb mich innerlich etwas zur Auferstehungskapelle hin. Ich erkannte, dass das Warten und Verharren auf Golgotha einen Abschluss finden musste. Die Parallele zur heutigen Zeit: „Der Tod eines lieben Menschen darf nicht umsonst gewesen sein!" Und so war es auch. Ich stand nun vor dem Eingang der Engelskapelle, die sich vor dem Auferstehungsgrab befindet. Hineingehen musste ich dieses Mal nicht mehr, denn der Blick auf die Kerzen innerhalb der Engelskapelle reichte mir völlig. Dieses Licht der Kerzen und das Bewusstsein, dass nichts verloren geht, zauberten mir ein Lächeln ins Gesicht. Ich erinnerte mich an ein Kirchenlied, welches lautet:

„Hast Du dann standhaft mit Jesus gestritten,
hast Du den Tod wie dein Heiland gelitten.
Glaube, dass er aus dem Grab dich erhebt.
Jesus dein Heiland ist Sieger und lebt."

In diesem Bewusstsein und Vertrauen verließ ich die Grabeskirche.

Aufbauend war zudem der Ostermontag. Man konnte sich mehreren Wanderpilgern anschließen, um zu Fuß bis nach Emmaus zu gehen und dort dann die Heilige Messe zu feiern.

Wir wanderten durch unberührte Natur. Unterwegs redeten Menschen miteinander, die sich vorher noch nie gesehen hatten. Ein Picknick im Grünen und dann Emmaus. Dieser Ort hat in der Bibel einen besonderen Stellenwert. Nach dem Tod und der Auferstehung Jesu offenbarte er sich zwei Personen, die wandernd aus Jerusalem weggingen. Diese Emmausjünger verstanden nicht das große Geheimnis von Tod und Auferstehung. Sie waren traurig und niedergeschlagen.

Jesus gesellte sich zu ihnen und wanderte mit diesen Männern, deutete die Schrift und brach das Brot mit ihnen, wobei sie Christus erkannten. Dies ist in Kurzform die Bedeutung von Emmaus.

An diesem Ort kümmert sich heute die katholische Kirche um ausgestoßene behinderte Kinder. Wir konnten die Freude in den Augen der gehandicapten Menschen sehen, aber auch die Dankbarkeit. Ein wichtiger Besuch, gerade auch an diesem Ostermontag.

Eine Begebenheit, die mir ebenfalls dauerhaft im Gedächtnis bleiben wird, war der Besuch von Hebron, einer der ältesten Städte des Landes und ein zentraler religiöser Ort für die jüdische Bevölkerung. Ein Zivildienstleistender und eine andere Volontärin hatten sich mit mir auf den Weg gemacht, um in Hebron die Machpela zu besuchen. In der

Machpela befinden sich die Patriarchengräber von Abraham, Isaak und deren Frauen.

Hebron liegt im Westjordanland und ein Teil der Stadt wird vom Militär bewacht, da sich in einem kleinen Bereich Hebrons Siedler niedergelassen hatten. Aufgrund dieser Tatsache kommt es immer wieder zu Auseinandersetzungen.

Wir drei schlenderten durch die Altstadt Hebrons. Als wir die Machpela sahen, waren wir erstaunt über dieses prächtige Gebäude. Links ist der Eingang zur Moschee, wo Abraham, Lea und Isaak in Gräbern bestattet liegen. Rechts, und zwar strikt getrennt, der Eingang auf jüdischer Seite, wo das Grab Jakobs verehrt wird. Alleine diese Trennung ist bezeichnend für die Stadt.

Nach der Besichtigung gingen wir die Straße weiter entlang. Seltsam war, dass kein Händler mehr auf der Straße zu finden war. Es war menschenleer. Plötzlich hörten wir lautes Rufen, fast schon Schreien. Ein Soldat, das Maschinengewehr im Anschlag, lief auf uns zu. Wir standen stocksteif wie angewurzelt da und ich rief nur: „We are tourists, we are tourists!" Der Soldat nahm die Waffe herunter und trat an uns heran. Dann sagte er zu mir, ich solle bitte den Schal ausziehen, den ich um den Hals gelegt hatte. Ich tat das sofort und fragte nur: „Warum?" Er gab mir zu verstehen, dass dies ein sogenannter Arafat-Schal sei, den Jassir Arafat tragen würde, und er sei davon ausgegangen, dass ich ein Palästinenser wäre. Dieses Areal sei zudem Sperrgebiet. Hier dürfe man nicht eintreten, denn hier würde die Grenze zwischen Siedlern und dem Rest der Bevölkerung verlaufen. Wir sollten bitte sehr schnell diese Straße verlassen. Mit schlotternden Knien gingen wir sehr zügig in Richtung Altstadt. Der Soldat hatte uns immer im Blick.

Die Altstadt von Hebron

Unterwegs fielen uns dabei die vielen Graffitis auf, die an den Hauswänden zu sehen waren. Diese stellten auf drastische Weise den Konfliktherd der Region dar. Nach der schockierenden Begegnung setzten wir uns erst einmal in eine Shisha-Bar und tranken einen Tee. Wir drei schauten uns an und wollten nur noch zurück nach Jerusalem. Um dorthin zu gelangen, mussten wir durch Ramallah fahren. Auch einer der Unruheherde der Region. In Ramallah mussten wir durch einen Check-in, um wieder auf die israelische Seite zu gelangen. Lange, sehr lange Schlangen warteten auf ein Durchkommen. Als uns die Sicherheitsbeamten bemerkten, wollte man uns vorlassen, doch wir sagten in alter deutscher Manier: „Diese Menschen waren vor uns, also warten wir, bis wir an der Reihe sind!" Es war den Beamten sichtlich unangenehm, dass wir die

Kontrolle aller mit angesehen haben, aber das war uns egal. Wir fühlten uns so einfach besser. Im Nachhinein denke ich mir, dass Pilger solch eine Erfahrung sehr selten machen, aber mir tat das gut, denn es erweiterte meinen Blickwinkel für die andere Seite. An diesem Tag hatte ich als Pilger richtig Angst, ich fühlte mich aber gut. Es war ein erfüllender Tag.

Einige Tage später fragte mich eine andere Volontärin, ob ich mit ihr nach Bethlehem reisen würde. Da sie schon 74 Jahre alt war, traute sie sich dies alleine nicht zu. Außerdem war ihr Englisch nicht so gut. Gerne war ich bereit, mit Pia – so hieß die Volontärin – nach Bethlehem zu fahren. Mit den Shehuds (den arabischen Bussen) fuhren wir gen Bethlehem. Dort angekommen, fragten wir einen Taxifahrer, ob er derjenige sei, der tags zuvor eine andere Volontärin gefahren habe. Er lächelte uns zu und sagte, er sei Sulejman und würde uns gerne fahren. Dann fragte er mich: „Vertraust du mir?" Ich nickte ihm zu und kurz darauf sagte er: „Jetzt bekommt ihr Bethlehem von einer ganz anderen Seite zu sehen." Etwas mulmig war mir dabei doch und Pia fragte mich, wo wir hinfahren würden. Diese Frage gab ich an Sulejman weiter und er sagte nur: „Zu mir nach Hause." Pia schaute mich an, denn das hatte sie auch verstanden, und so fuhren wir zu Sulejmans Haus. Vorbei an Feldern und Wiesen, inmitten unberührter Natur, stand sein einfaches, aber schönes Haus. Tiere umgaben sein Heim. Ehe wir uns versahen, saßen wir in seinem Wohnzimmer bei einer Tasse Tee. Die Tür sprang auf und alle Kinder Sulejmans und seine Frau traten ein. Sehr herzlich wurden wir begrüßt, und die Frau des Hauses begann den Tisch zu richten. Es duftete fantastisch. Als alles eingedeckt war, wollte seine Frau den Raum verlassen. Pia bat mich, zu fragen, wo sie hin wolle. Sulejman antwortete, dass es nicht üblich sei, dass Frauen an einem Tisch mit einem fremden Mann sitzen würden. Der Fremde war ich. Mir stieg die Schamesröte ins Gesicht und Pia sagte dann, ich solle übersetzen, dass sie dann auch hier nicht essen würde. Oh Mann, dachte ich nur, jetzt wird es peinlich. Aber Sulejman reagierte ganz anders. Er sagte seiner Frau, sie solle sich doch zu uns setzen und mitessen. Die Gastfreundschaft steht bei Arabern fast über allem. So wurde es ein tolles Essen. Im Anschluss daran nahmen mich die Kinder an die Hand und wollten mir die Ställe zeigen. Es war so warmherzig, wie man in diese Familie integriert wurde.

Anschließend fuhr Sulejman mit uns zur Geburtskirche und erklärte uns die Gegend. Er wollte von uns kein Geld, das gehöre sich nicht. Wir einigten uns dann, dass er Geld als Geschenk für seine Kinder annehmen solle. Wir, Pia und ich, seien durch ihn und seine Familie so reich beschenkt worden und wir wollten uns nur ein klein wenig erkenntlich zeigen. Er nickte uns zu und Pia und ich fuhren mit den arabischen Bussen wieder in Richtung Jerusalem. Dies war für mich als Pilger eine der fantastischsten Begegnungen, die ich gehabt hatte. Es zeigte mir, dass ein Pilger auch mal mutig sein und etwas riskieren muss, dann werden einem Begegnungen geschenkt, die man nicht vergisst.

Eingang zur Geburtskirche, genannt „Eingang der Demut", da man nur gebeugt
die Kirche betreten kann

Vom Pilger zum Leiter einer Pilgergruppe

Jetzt war es soweit: Ich fühlte mich gewappnet, eine Gruppe durch das Heilige Land zu führen. Mit einer Bekannten aus meiner Pfarrei überlegten wir gemeinsam, wie man eine solche Pilgerreise gestalten könnte. Da ich im Fernkurs Theologie studiert hatte, war die Entscheidung schnell getroffen. Sie sollte die organisatorische Leitung übernehmen und ich würde den religiösen Part vorbereiten. Das bedeutete, dass ich mich noch einmal intensiv mit dem Land und vor allem mit den einzelnen Orten auseinandersetzen musste. Zu jeder Pilgerstätte suchte ich die passenden Bibelstellen heraus, bereitete Wortgottesdienstfeiern vor und überlegte mir zu den einzelnen Evangelien Worte, die in die heutige Zeit passen würden. Es fiel mir recht leicht, einen Bezug von der damaligen Zeit zur heutigen herzustellen. Theologisch versiert waren die Hinführungen zum Evangelium vielleicht nicht, aber ich konnte durch die Pilger erfahren, dass sie sich wiederfanden. Das ist es doch, worauf es ankommt: den Menschen dort abzuholen, wo er steht, und Texte wiederzugeben, zu interpretieren, die verstanden werden können. So kann man einen Bogen von der damaligen Zeit Jesu zu der heutigen Zeit schlagen. Es hieß für mich aber auch, dass ich zwar auch noch Pilger war, aber nicht nur. In erster Linie war ich Reiseleiter und Ansprechpartner für Sorgen und Nöte der Pilger. Als ich mir dessen bewusst wurde, stieg in mir die Nervosität hoch. Wird man von der Gruppe akzeptiert, findet man die richtigen Worte? Viele Fragen geisterten in meinem Kopf herum und ich kam zu dem Entschluss: Lass alles auf dich zukommen und vor allem, höre zu! Man muss nicht auf alles eine Antwort haben oder zu allem Stellung beziehen. Oftmals reicht schon das Gefühl, gehört beziehungsweise angesehen zu werden. Doch das Entscheidende ist, dass man dem Heiligen Geist und seinen Gaben vertraut. Ich war offen für das Land, die Pilger und die Führung durch Gottes Geist. So fand dann auch der erste Wortgottesdienst in der alten Synagoge in Nazareth statt. 20 Minuten dauerte die Feier und wir hielten eine sogenannte *Agape*-Feier ab. Es waren Brot und Wein organisiert worden, was wir untereinander teilten. Ein schöner Start in den Tag, ein guter Beginn der Pilgerreise.

Die alte Synagone in Nazareth

Ein besonderes Pilgerfeeling erhielten die Pilger bei der Wortgottesdienstfeier am See Genezareth. Ein großer Stein unweit des Sees diente als Altar, einfache Baumstämme als Sitzgelegenheit. Die Pilger konnten beim Lauschen der Worte des Evangeliums ihre Blicke über den See schweifen lassen. In den Fürbitten wurde besonders der verstorbenen Angehörigen gedacht. Manch einem liefen dabei Tränen die Wangen hinunter. Eine Zeit der Stille, des Ankommens prägte diesen Moment. Die israelische Reiseleiterin kam im Anschluss an den Gottesdienst auf mich zu und war von der Feier sichtlich angetan. Wir sprachen noch lange über diesen Moment und waren uns einig, dass jeder berufen sei, Gottes Wort in die Welt zu tragen. Natürlich wäre es fantastisch gewesen, wenn wir eine Heilige Messe hätten feiern können; da wir aber keinen Priester gefunden hatten, wurden die Wortgottesdienstfeiern unsere Begleiter der Reise.

In der Nähe der Brotvermehrungskirche in Tabgha

Ich hatte von Deutschland aus in Jerusalem in der Kirche Dominus Flevit und auf dem Berg Zion eine Heilige Messe organisieren können. Zwei Pater aus dem Heiligen Land hielten für unsere Gruppe eine Eucharistiefeier. Es war für die Pilgergruppe sehr wichtig, diesen Gottesdienst mitzufeiern. Zum einen sprachen die Pater aus einer ganz anderen Sicht zu den Menschen, denn wer im Heiligen Land schon längere Zeit lebt, kann aus etlichen Jahren der Erfahrung im Umgang mit Pilgern sprechen. Zum anderen bleibt vielen Pilgern im Gedächtnis, die Eucharistiefeier als Höhepunkt einer gottesdienstlichen Feier im Land Jesu miterleben zu dürfen.

Blick auf Jerusalem, Kirche Dominus Flevit, übersetzt „Der Herr weinte"

Die dritte Reise

Bei einer der nächsten Pilgerreisen ins Heilige Land fand ich sehr beeindruckend, wie schnell eine Gruppe doch zusammenwachsen und aufeinander aufpassen kann. Schon nach dem zweiten Tag achteten alle darauf, dass keiner verloren ging. Man setzte sich mal an diesen oder jenen Tisch und man unterhielt sich. Auch das ist Pilgern: miteinander zusammenwachsen. Brot und Zeit teilen.

Diese Erfahrung durfte ich über all die Jahre mit vielen Pilgern teilen. Ein Pilger bleibt mir jedoch im Gedächtnis. Ein älterer Herr, der mit uns auf Pilgerreise war. Vor Jahren hatte er ein Beerdigungsinstitut geführt. Dieser suchte ein Gespräch mit mir und erzählte, sein schlimmstes Erlebnis sei gewesen, dass er seinen Enkel, nachdem dieser verstorben war, selber abholen musste. Mir lief ein Schauer über den Rücken, seinen eigenen Enkel in den Sarg legen ... Ihm schossen Tränen in die Augen, und wir schwiegen erst einmal. Als Pilger hört man anderen zu, lernte ich, und Reden ist Silber, Schweigen ist Gold. Dann sagte er zu mir: „Hier kann ich ein Stück loslassen." Er fand im Heiligen Land Frieden, wo so selten Frieden herrscht. In den darauffolgenden Tagen, wenn wir Wortgottesdienst feierten, sah ich, dass sich dieser ältere Herr in den Fürbitten für Verstorbene immer wiederfand. Erfüllt und mit sich und mit Gott im Reinen, war diese Pilgerreise für den Mann eine ERLÖSUNG.

Jordanien – Ägypten – Israel

Zwei Jahre später unternahmen wir eine weitere Pilgerreise. Zuerst ging es über Jordanien nach Ägypten und dort zum Mosesberg am Sinai. Alleine sollte man diese Reisen nicht antreten, denn auf dem Weg dorthin sind schon oft Überfälle und Raub vorgekommen. Die Unterkunft, in der wir übernachteten, war sehr gewöhnungsbedürftig, um nicht zu sagen schlecht. Die Katzen liefen über die gedeckten Tische, das Essen war überhaupt nicht gut und die Zimmer ein totaler Reinfall. Die Toilettenbrille war nur noch teilweise befestigt, es war nicht schön. Dies schmälerte aber nicht die Freude, früh morgens auf den Mosesberg zu wandern. Nachts um 3.00 Uhr ging es bei lauwarmer Nacht los. Im Rucksack ein Müsli und eine Flasche Wasser. Bei gefühlten 20 Grad gingen wir an Herden von Kamelen vorbei, die für jene Pilger gedacht waren, welche sich den Aufstieg nicht zur Gänze zutrauten. Nach zwei Stunden strammem Wandern erreichten wir einen kleinen Bretterverschlag, wo man heißen Tee trinken konnte. Die Pause war so gut, denn mittlerweile war das Thermometer auf 7-8 Grad gesunken. Es war richtig kalt geworden. Uns Pilgern war eiskalt. Im Tal hatte man uns noch gesagt: Nehmt Jacken mit, es wird kühl oben werden. Wir schauten uns entgeistert an, denn am Fuße des Berges waren wir am Schwitzen gewesen. Noch eine halbe Stunde über viele unregelmäßig aufgeworfene Steintreppen mussten wir zurücklegen, um dann oben auf dem Berg neben der Kapelle zu stehen. Leider war diese verschlossen, aber ich dachte mir: Dann habe ich wieder einen Grund, diese Reise erneut anzutreten, um dann das Innere der Kapelle zu bewundern. Es war stockdunkel, eisiger Wind fegte uns um die Ohren. Wir waren als Erste von vielen Pilgern oben angekommen und langsam füllte sich das kleine Plateau. Wir schauten gebannt zum Himmel, nur noch wenige Augenblicke konnte man die Sterne sehen, und in uns regte sich die Freude auf den bevorstehenden Sonnenaufgang. Und da war er, die ersten Strahlen füllten die gesamte Gegend aus. Das Land erstrahlte in glänzendem Licht und die Berge glühten feuerrot. Wegen der vor Ort herrschenden Kälte konnte man durch die aufgehende Sonne kilometerweit schauen. Gebannt schauten wir der Sonne entgegen und man fühlte eine tiefe innere Spannung bei unseren Pilgern. Ich stimmte das Loblied „Großer Gott wir loben dich" an, und alle stimmten mit ein. Die Pilger aus anderen Ländern stimmten in diesen Lobgesang in ihrer Sprache ebenfalls ein. Dieses Lied kennt man wohl auf der ganzen Welt. Über Grenzen hinweg kann Musik verbinden. Uns lief ein Schauer über den Rücken und Tränen liefen die Wangen hinunter. Eine Pilgerin sagte: „So stelle ich mir die Auferstehung vor." Ich hatte ähnliche Gedanken. Wir verweilten noch einige Zeit auf dem Berg und die Sonnenstrahlen wärmten unsere Gesichter. Ein bewegender Moment, der tief im Herzen verwurzelt bleibt.

Mit Bernd pilgern

Ein guter Bekannter hatte erfahren, dass ich mal etwas ganz Neues in Israel wagen wollte: den sogenannten Jesustrail erwandern. Er fragte mich, ob das nicht etwas für uns beide gemeinsam sei. Er, ein dreifacher Familienvater, gestanden im Leben, wollte etwas Besonderes erfahren. Und es wurde besonders. Ich nenne meinen Wanderfreund mal Bernd. Bernd ist ein Papa-bär. Groß, stämmig, herzlich, lieb. Es passte einfach. So habe ich das Reiseunternehmen, mit dem ich immer gefahren bin, gebeten, für uns den Flug und die verschiedenen Unterkünfte zu buchen. Wir zwei wanderten also den Jesustrail. Bernd war vor etlichen Jahren im Heiligen Land gewesen und war überrascht, wie es sich verändert hatte. Ich möchte hier noch nicht auf den Jesustrail im Detail eingehen, dazu gleich mehr. Ein paar schöne Momente zu zweit als Pilger schildere ich aber doch. Man muss sich gut verstehen, wenn man so viele Tage miteinander wandert, denn man hängt ununterbrochen zusammen. Dann kann es schon Momente geben, wo man auch mal alleine tief durchatmen muss. Das sollte der andere dann akzeptieren und respektieren. Hierbei waren wir uns sofort einig. Schwierig wird es nur, wenn etwas unausgesprochen bleibt. So ging es mir bei Bernd auch, denn Bernd schnarchte. Kein normales Schnarchen. Ein extremes, vor dem mich Bernds Frau gewarnt hatte. Ich kann nur sagen: Bernds Frau hat den Friedensnobelpreis verdient, dass sie das so durchhält. Nein, das war ein Scherz. Ich wachte zwar hier und da mit roten Augen auf, aber das war überhaupt kein Problem. Bernd und ich verstanden uns vom ersten Augenaufschlag, bis wir abends müde ins Bett fielen. Unsere Wanderpilgerreise begann mit einem sehr lustigen Ereignis. Nachdem wir gut gefrühstückt und dann die

Basilika in Nazareth besucht hatten, wollten wir uns auf den
Jesustrail begeben. Zuerst lief alles glatt. Durch den Suk von
Nazareth, entlang schmaler Gassen, stießen wir auf eine nicht
eindeutige Markierung. In der Nähe saß ein alter Araber und
ich sagte zu Bernd, dass wir den doch mal nach dem Weg
fragen sollten. Gesagt, getan. Der alte Mann war sehr nett,
doch bei der Frage nach dem Weg Richtung Kana fiel ihm
die Kinnlade runter. Entsetzt sagte er: „Nein, der Weg ist viel
zu weit. Entweder ihr fahrt mit dem Bus oder mit dem Taxi."
Ich versuchte verzweifelt dem Araber zu erklären, dass wir
Wanderpilger waren und dass wir bewusst die 17 Kilometer
laufen wollten. Er wiederum hörte gar nicht mehr zu und
sagte immer energischer: „Nein, zu weit, ihr schafft das
nicht!" Bernd schmunzelte und zwinkerte mir zu. Dann sah
ich die richtige Wegweisung für uns, etwas versteckt. Doch
der alte Araber zeigte uns eine ganz andere Richtung an,
wieder hinunter ins Tal, nicht nach der Jesustrail-Markierung
bergauf. Was tun, war nun die Frage. Bernd und ich hatten
ein Lächeln im Gesicht, trauten uns aber nicht, dem Mann zu
widersprechen. Also, auch wenn man es nicht glaubt –
obwohl wir wussten, dass wir den falschen Weg gingen,
setzten wir uns in die Richtung in Bewegung, die der Araber
uns gezeigt hatte. Dieser nickte uns zu und rief: „Yes, this is
correct!" Wir beide lachten nur noch. Wie kleine Kinder
hörten wir auf den alten Mann, nur mit dem Unterschied,
dass wir bewusst falsch liefen. An der nächsten Abbiegung
überlegten wir, wie wir wieder auf den richtigen Weg
kommen könnten. Langsam und vorsichtig schauten wir um
die Ecke der Häuser, ob der Araber noch dort saß, und das tat
er. Ganz dicht an den Häuserwänden entlang schlängelten
wir uns Richtung Jesustrail. Jetzt aber husch, der alte Mann
schaute nicht in unsere Richtung, und schnell weg hier!
Geschafft! Na, da hatten wir uns aber mal richtig blamiert.
Zwei gestandene Männer trauten sich nicht, einem alten

Mann zu widersprechen, und gingen bewusst falsch. Es war sehr lustig. Der Umweg kostete uns nur eine halbe Stunde, aber darüber lachen wir heute noch. Als Pilger kann man und muss man auch über sich selbst lachen.

Ein Highlight der Reise war wohl die Übernachtung auf einem Ziegenhof in der Nähe von Lavi. Ganz einfach, aber herzlich.

Unsere Unterkunft in Lavi

Ich dachte wir schafften die erste Etappe von Nazareth nach Lavi auf einmal. Pustekuchen. Viel zu spät kamen wir in Kanaan an. Was nun? Ich sagte zu Bernd: „Jetzt trinken wir erst mal einen Granatapfelsaft und dann schauen wir weiter." In der Ferne sah ich drei Araber an einer Bushaltestelle stehen. Ich ging auf sie zu und näher betrachtet sahen sie etwas ungestüm aus. Voll tätowiert ... Ein klassisches Vorurteil machte sich in mir breit. Aber diese drei jungen Männer waren spitze! „Wir helfen euch!", und der eine sprang auf die Straße, hielt den Bus, der in die richtige

Richtung fuhr, für uns an, sprach mit dem Fahrer, wohin wir fahren müssten, und dann saßen Bernd und ich im Bus. Ja als Pilger hat man auch Vorurteile, die sich nicht immer bestätigen.

Mit Bernd zu wandern war ein gutes Erlebnis. tiefgreifende Gespräche. Wir teilten unsere Sorgen und Freuden. Es tat uns beiden einfach gut. Besonders war bei Bernd, dass wir auch einfach mal schweigend wandern konnten. Wir wanderten über die Hörner von Hittim und konnten von dort aus schon die Golanhöhen sehen. In mir sammelten sich die Gedanken.

In der Natur auf dem Jesustrail

Wir wanderten hier und hatten Frieden und gerade mal 30 Kilometer weiter in Syrien war Krieg. Irre! Am nächsten Tag gingen wir weiter unserem Ziel entgegen. Und auch das ist es, was ein jeder Pilger in sich trägt: Er wandert auf ein Ziel hin. Unser Ziel war der See Genezareth. Doch bevor wir dort ankamen, hatten wir noch einen Zwischenstopp am Berg Arbel. Wir kehrten bei der Familie Schavit ein und das war ein Highlight unserer Reise. Die Familie ist herzlich und nimmt Pilger in ihrem Haus auf. Was im Gedächtnis hängen bleibt, ist das wunderbare Essen. Der Hausherr kocht hier persönlich für seine Gäste. Alles selbst gemacht, auch das Brot. Ich kann mich noch an die Knoblauchpommes, an das herrliche Fleisch, an die Bohnen, und am Morgen an die warme Marmelade, den fantastischen Käse und das überbackene Ei erinnern. Dass ich nach Jahren immer noch weiß, was es zu essen gegeben hatte, lässt erkennen, wie toll dieser Aufenthalt gewesen war.

Das Abendessen bei der Familie Schavit am Berg Arbel

Am nächsten Morgen traten wir unsere letzte Etappe an. Erst hinauf zum Berg Arbel und dann hieß es klettern. Den Berg hinab, aber ab jetzt immer den See Genezareth vor Augen. Ein Pilger überspringt auch manche Mauern und Felsen – ob diese innerlich aufzufinden sind oder auf dem Weg liegen, das kommt drauf an. Solche Gedanken kommen einem, wenn man als Pilger unterwegs ist. Aber man erinnert sich auch daran, welche Mauern man im Leben schon bewältigt hat. Bei mir sind dann die Gedanken in die Vergangenheit gegangen und diese Erinnerung habe ich immer mit menschlichen Beziehungen in Verbindung gebracht. Wer einem in welchen Situationen zur Seite stand. Dankbarkeit erfüllte mich. Während des Abstiegs begann ich, innerlich Fürbitte zu halten. Für meine Geschwister, für meine wunderbaren Freunde. Ich bat Gott, diese und ihre Familien zu schützen. Ich war dankbar für alle Begegnungen, für alle Zeichen der Wertschätzung. Ich war sehr zufrieden und glücklich. Das war das große Geschenk, das ich auf dieser Pilgerreise erfahren durfte.

Schattenbild von Bernd und mir auf dem Jesustrail

Unsere Wanderung endete am See Genezareth. Dort besuchten wir in den darauffolgenden Tagen den Berg der Seligpreisung. Wir legten uns unter Olivenbäume und schliefen einfach mal eine Stunde, denn ein Pilger braucht auch mal Ruhe. Morgens begannen wir den Tag um 5.00 Uhr mit Schwimmen im See. Dann schauten wir, wie die Sonne über den Golanhöhen aufstieg, und wir beide verstanden, warum Jesus sich so oft und so lange in dieser Region aufgehalten hatte. Am See Genezareth befindet sich auch die Brotvermehrungskirche, ein Ort der Ruhe und Besinnung. Jedoch nicht an dem Tag, an dem wir dort waren. Es war jener Tag, an dem man der Brotvermehrungsgeschichte aus dem Evangelium gedenkt. Der Patriarch von Jerusalem war anwesend. Hunderte von einheimischen Gläubigen. Eine tolle Prozession unter Mitwirkung von Dudelsack-Musikern. Beeindruckend.

Bernd und ich gesellten uns unter die Menschen und feierten mit ihnen den Festtag. Im Anschluss gab es Suppe und man genoss diesen Tag der Gemeinschaft. Wir waren sehr dankbar, diesen Tag mit den Menschen der Region dort verbringen zu dürfen. Es war ein sehr erlebnisreicher Pilgerurlaub mit Bernd geworden.

Sonnenaufgang am See Genezareth

Die Wanderpilgerreise

Nachdem dieses Wandern so erfolgreich gewesen war, habe ich ein Jahr später den Weg alleine beschritten. Im November 2015 sollte es losgehen. Die langen Kontrollen am Check-in-Schalter kannte ich ja schon, aber wenn man alleine und dazu noch als Mann nach Israel reist, wird man doppelt durchleuchtet. Das war mir egal, denn ich war voller Vorfreude und total aufgeregt, aber auch ängstlich, alleine in Israel zu wandern. Erst gegen 1.30 Uhr nachts landete der Flieger in Tel Aviv. Ein Fahrer holte mich am Flughafen ab und fuhr mich ca. 2 1/2 Stunden hinauf nach Nazareth. Im Hotel war nur noch am Empfang Personal. Nachvollziehbar, es war ja nach 4.00 Uhr morgens. Im Zimmer stand noch ein Teller mit liebevoll hergerichteten Broten und eine Flasche Wasser auf dem Tisch. Viel essen konnte ich nicht, denn ich war zu nervös. Nach einer zu kurzen Nacht – es war ca. 7.00 Uhr – ging ich zum gut sortierten Frühstück und stand mit meinem Rucksack bepackt um 8.00 Uhr vor dem Hotel. Da ich nicht genau wusste, wo es lang ging, beschloss ich, mir ein Taxi zu rufen, welches mich bis zur Verkündigungsbasilika brachte. Jetzt konnte es losgehen. Den Start des Jesustrail wollte ich aber unter den Segen Gottes stellen und so ging ich zuerst in die Basilika, um Kraft, Mut und Vertrauen zu schöpfen. Als ich diese verließ, traf ich meine (alte) Reiseleiterin aus Israel, Teresa, die eine Gruppe durchs Heilige Land führte. Wir umarmten uns herzlich und plauderten eine kurze Weile miteinander. Nachdem sie und ihre deutsche Pilgergruppe mir viel Glück gewünscht hatten, machte ich mich auf den Weg. Durch die Altstadt Nazareths, durch den Suk hinauf auf die Anhöhe.

Vorbei an schmalen Gassen und steilen Treppen. Oben angekommen, genoss ich die wunderbare Aussicht über das

Land. Nun war ich alleine auf mich gestellt. Nein, alleine war ich nicht, denn im Gepäck hatte ich viele Menschen mit guten Wünschen, aber auch Sorgen, die ich im Heiligen Land vor Gott für sie ausbreiten sollte. Aber ich hatte nicht nur Sorgen der Menschen bei mir, nein, ich wollte auf dieser Pilgerwanderung auch Gott für vieles danken. Ich war dankbar für so viele Dinge. Dass ich in Frieden leben durfte, eine sehr gute Familie hatte, Freunde, die ich nicht missen wollte, und vieles mehr. Viele Menschen gehen auf Pilgerreise, weil sie Sorgen und Nöte haben. Dafür ist eine Pilgerreise gut, aber auch, um zu danken, was man alles im Leben erreicht oder geschenkt bekommen hat. Somit wurde diese Wanderpilgerreise eine Dankespilgerreise. Alleine war ich nicht: Das Entscheidende war, dass sich ein warmes Gefühl in mir ausbreitete, dass mich Gott begleitete und ich unter seinem Schutz stehen würde. Ein unglaubliches Gefühl.

So ging ich durch die Nazareth Illit und verlief mich prompt. Entlang einer Schnellstraße wollte ich noch den Nationalpark Zippori durchwandern. Unterwegs machte ich halt an einer Tankstelle und gönnte mir eine Zitronenlimonade, die in Israel ganz besonders wohltuend schmeckt. Plötzlich hielten mehrere Militärfahrzeuge an der Tankstelle. Ich ging zu den jungen Frauen und Männern und fragte nach dem Weg. Diese sagten, ich solle am besten der Schnellstraße weiter folgen und würde dann automatisch zum Nationalpark kommen. Das ist etwas, das mir immer wieder in Israel widerfahren ist. Wenn man jemanden um Hilfe bittet, sind die Israelis sehr hilfsbereit. Ich wanderte in die angegebene Richtung zum Nationalpark Zippori. Als ich diesen betrat, war ich sehr erleichtert und Zufriedenheit machte sich in mir breit. Vorbei an wunderschönen Wegen und Feldern mit vielen Tieren machte ich auf der Anhöhe Rast.

In der Nähe von Migdal am See Genezareth

Als Erstes genoss ich ein Stück Brot mit einem Apfel und trank genüsslich Wasser. Nach diesem zweiten Frühstück packte ich meine kleine Wanderbibel aus dem Rucksack und fing einfach an zu lesen. Es tat gut, inmitten unberührter Natur das Wort Gottes zu lesen. Nach gut einer halben Stunde Pause schnallte ich mir wieder den Rucksack auf und machte mich auf den Weg, denn es waren noch gut 15 Kilometer zu laufen. Das Land Israel ist herrlich zu erwandern. Im November karg und im Frühjahr blüht alles. Diese Unterschiede zwischen Überfluss und Wüste habe ich noch nirgends sonst so gesehen.

Und dann geschah es schon wieder, zum zweiten Mal an diesem Tag: Ich hatte mich erneut verlaufen. Doch jetzt war es mir nicht so egal wie beim ersten Mal, denn ich war mitten in der Wildnis. Zwar auf einem Weg, aber es war weit und breit keine Siedlung zu erkennen. Das Schlimmste war, dass mein Trinkwasser zur Neige ging, und das ist bei ca. 30 Grad Hitze nicht mehr lustig. Nach nochmals 1 1/2 Stunden Wandern sah ich in der Ferne ein Haus. Gott sei Dank, dachte ich mir. Da gibt es Wasser. Ich habe jetzt verstanden, wie wichtig Wasser für diese Region ist. Wasser ist Leben.

Als ich mich dem Haus näherte, bemerkte ich einen Mann, der vor dem Haus arbeitete. Auf Englisch bat ich um Wasser. „Yes, I give you water, meinte er und füllte meine

Flaschen auf. Dann fragte ich ihn, ob er von hier stamme. Er verneinte und sagte, er sei aus Deutschland. „Nun, dann können wir uns ja auch auf Deutsch unterhalten", sagte ich und wir lachten beide. Welch ein Zufall! Bis zu dieser Stelle war ich jetzt schon 22 Kilometer gelaufen. Eigentlich hätte ich jetzt bereits in Kanaa angekommen sein müssen. So fragte ich meinen Landsmann, ob er mir sagen könne, wie weit es noch wäre. „Ja, so ca. 15 Kilometer!" Na wunderbar, dachte ich mir, noch 15 Kilometer. Ich war hundemüde. Es war schon später Nachmittag und dann nochmals 15 Kilometer. Eigentlich halte ich nichts vom Trampen und meine Eltern haben mir immer davon abgeraten. Ich nahm aber jetzt allen Mut zusammen und hielt den Daumen in die Höhe. Und tatsächlich: Das erste Auto, das vorbeikam, hielt an. Sensationell! Ein netter Lieferwagenfahrer fragte auf Hebräisch: „Lean (= wohin)?" Ich antwortete auf Englisch: „Nach Kanaa!" – „Da will ich leider nicht hin, aber ein Stück des Weges kann ich dich mitnehmen!", sagte er zu mir. Perfekt! Die Fahrt dauerte nur fünf Minuten, und ich musste das Auto schon wieder verlassen, denn ich wollte nach links und er nach rechts. Herzlich bedankte ich mich, denn aus 15 Kilometern wurden ca. nur noch 10 Kilometer. Jetzt stand ich an der Hauptstraße und plötzlich hielt ein Taxi neben mir. Ob er mich mitnehmen solle, fragte der Taxifahrer. Ein Geschenk des Himmels. Ich erinnerte mich an den Morgen, wo ich das Gefühl gehabt hatte, dass ich unter Gottes Schutz stehe, und so war es auch. Auf jeden Fall sagte ich „Ja!" und stieg ein. Nach wiederum fünf Minuten schneller Fahrt standen wir im Stau. Der Taxifahrer fragte, ob es mir egal sei, hier schon auszusteigen, denn Kanaa sei um diese Uhrzeit mit Pkws völlig zu. „Klar!", sagte ich, und stieg aus. Meine Beine und mein Rücken schmerzten und mein Trinkwasser ging auch wieder zur Neige. Da sah ich von weitem einen kleinen Laden und dachte nur noch: Jetzt eine kalte Cola. Im Laden angekommen, fragte mich der Besitzer, ob ich den Jesusweg wandern würde und ob ich Christ sei. „Ja und ja", gab ich zur Antwort. Er stellte einen Stuhl bereit und bat mich, mich zu setzen. Dies tat ich, und er sagte, die Pilger, die zu ihm kamen, würde er an den großen Rucksäcken erkennen und jedem die Schultern massieren. Herrlich, einfach nur herrlich. Der alte Araber schenkte mir noch schnell einen herzhaften arabischen Kaffee ein und nach einer kurzen Nackenmassage wünschte er mir alles Gute. Das sind mal Begegnungen, die man nicht so schnell vergisst! Ein Pilger muss auch annehmen können.

So gestärkt suchte ich nun meine Unterkunft auf. Von der Terrasse aus sah ich eine ältere Frau, die mir schon zuwinkte. „Christian!", rief sie und verdutzt schaute ich nach oben. „Wir haben dich schon erwartet!" Was war denn das? In einem fremden Land, bei wildfremden Personen, rief eine Frau meinen Namen. Ich fühlte mich direkt wie zu Hause. Und nach einer herzlichen Umarmung war ich angekommen. Sie sagte zu mir: „Du willst doch bestimmt ein Bier, oder?" Ich schaute sie an und sagte: „Sehr, sehr gerne." Der Sohn lief ins Haus und kam mit einem herrlich kühlen Bier auf die Terrasse zurück. „Du bist ja Deutscher und die trinken gerne mal ein Bier.", sagte sie. Ich schaute sie an und wir beide lachten herzhaft. Das sind Begegnungen, die man nur macht, wenn man etwas riskiert. Und wer nicht wagt, der nicht gewinnt. Ich hatte gewonnen, auf ganzer Linie.

Im gleichen Haus waren noch amerikanische Pilger eingezogen und es war schon interessant, mit anzusehen, wie unterschiedlich Pilger sein konnten. Unsere Gastgeberin fragte mich, ob ich am Abend bei ihnen essen wolle; die Amerikaner wollten lieber Pizza bestellen. Ich schaute sie fragend an und dachte nur: Pizza kann ich überall essen, aber mit Liebe hergestelltes arabisches Essen nicht. Und während die Amerikaner Pizza aßen, saß ich an einem herrlich gedeckten Tisch und sah die vielen Köstlichkeiten, die auf mich warteten. Das Essen war ein Genuss. Mütterlich liebevoll zubereitet. Einfach mit Herz. Die anderen Pilger taten mir leid, denn sie hatten wirklich ein wunderbares Abendessen verpasst. Vielleicht dachten sie genauso wie ich, aber ich war vollends zufrieden. Nach dem Essen bat mich die Familie, noch draußen bei ihr auf der Terrasse Platz zu nehmen, und wir plauderten über Gott und die Welt. Das war Leben pur, das war Pilgern pur. So hatte ich mir einen Pilgerurlaub vorgestellt, landestypisches Essen und mit den Menschen der Region ins Gespräch kommen. Dafür möchte ich allen auf diesem Weg ein herzliches „Vergelt's Gott!" sagen.

Am nächsten Morgen ging mein persönliches Pilgern weiter. Ich pflückte mir nach Rücksprache mit der Hausherrin eine Apfelsine vom Hofbaum und nahm meinen Rucksack auf die Schultern, welche nach dem gestrigen Tag etwas schmerzten. Nachdem ich mich herzlich von allen anwesenden Familienangehörigen verabschiedet hatte, ging der Fußweg steil bergauf. Zuerst durch den arabischen Teil Kanas. Dieser ist für europäische Verhältnisse etwas gewöhnungsbedürftig anzusehen, denn so, wie wir unsere Gärten pflegen, ist das hier selten der Fall. Innerhalb der Häuser kann man vom Boden essen, ums Haus herum ist, gelinde gesagt, Baustelle. Ich wanderte hinein in die wunderschöne Landschaft Israels. Schade ist nur, wie manche Menschen mit unserer Natur umgehen. Es war nicht schön anzusehen, dass sich inmitten unberührter Natur auf einmal Müllberge auftaten. Sperrmüllentsorgung läuft hier ganz anders. Wenn man z.B. Möbelstücke nicht mehr benötigt, werfen manche diese einfach in den Wald. Aus den Augen, aus dem Sinn. Wie es der Natur dabei geht, wird nicht hinterfragt. Ich weiß nicht, ob es Kontrollen gibt, aber wenn, dann haben diese auf dem ersten Stück außerhalb von

Kanaa versagt. Auch damit wird ein Pilger konfrontiert, mit dem Versagen von eventuell bestehenden behördlichen Auflagen oder von Behörden selber. Als Pilger tut dieser Anblick aber der Seele weh, denn Gottes Schöpfung zu bewahren ist unser aller Auftrag.

Wenn ich als Wanderer unterwegs bin, nehme ich allen Müll, den ich produziere, natürlich im Rucksack mit und entsorge diesen in dafür geeigneten Behältnissen.

Zurück zur Wanderung. Ich hielt mich im November in Israel auf und die Landschaft glich in Ansätzen einer fantastischen Wüste. Die Klarheit der Kargheit war beeindruckend. Auch hier setzte ich mich mit meiner Bibel auf die verdorrte Wiese und stöberte in dem Buch der Bücher. Stille machte sich breit und meine Augen schweiften über die Landschaft. Dankbarkeit füllte mein Herz. Der Rucksack wurde schwerer, die Sorgen immer kleiner. Als ich weiterwanderte, kam ich am frühen Nachmittag im Kibbutz Lavi an. Ein Kibbutz ist wie eine Kommune. Jeder arbeitet so viel wie er kann für alle anderen mit. Es ist wie eine große Hausgemeinde. Sie betreiben Tierzucht und Ackerbau, dazu bieten viele Unterkunftsmöglichkeiten für Reisende an. So ging ich vorbei an den Kuh- und Pferdeställen, Richtung Gästehaus. Am Empfang wurde ich sehr herzlich begrüßt. „Mordechai ist mein Name, schön dass du da bist!", sagte er zu mir. „Du bist gewandert? Den Jesustrail?" „Ja und ja", gab ich zur Antwort und mein Blick schweifte rechts zur Bar. „Willst du erst einmal was trinken?", fragte er mich und ich sagte: „Du kannst meine Gedanken lesen!" Wir lachten beide und er gab mir erst einen wunderbaren frischen Saft, danach ein Bier. Es lief die Kehle herunter wie Öl. Denn ein Pilger darf sich auch einmal was gönnen. Wer pilgert, muss nicht hungern, denn wie es schon die Heilige Theresia von Avila gesagt hatte: „Tu deinem Körper was Gutes!" Und ich ergänzte: „Mit vollem Magen lässt es sich besser nachdenken." Diese Aussage bezog ich auf das Abendessen. So genoss ich das wunderbare Essen. Dieses Essen zeichnete sich durch seine Frische und Vielfalt aus, vieles aus eigener Herstellung oder eigenem Anbau.

Abends auf der Terrasse habe ich dann zum dritten oder vierten Mal das Buch „Die Hütte" gelesen und immer wieder muss ich bei diesem Buch weinen. Ja, auch die Hauptperson des Buches (Alan Mackenzie Philip) ist ein Pilger, ein Pilger der besonderen Art. Ein Buch, welches ich nur empfehlen kann. Am nächsten Morgen führte mich mein Weg weiter zu den Hörnern von Hittim, in Richtung des Berges Arbel. Jetzt wurde das Pilgern schwierig, denn ich musste schon seit mehreren Tagen mit mir alleine zurechtkommen. Das mag seltsam klingen, aber hatten Sie einmal mehrere Tage kaum Kontakt zu anderen Menschen? Und wenn Sie Kontakt hatten, dann nicht in Ihrer Muttersprache. Ich denke mir, auch das gehört zum Pilgern. Sich selber auf die Nerven gehen. Mit sich selbst zurechtkommen.

Der Weg war gekennzeichnet durch verdorrtes Gestrüpp, aber auch das hatte seinen Reiz. In mir stieg der Gedanke auf, dass diese Landschaft dem Leben gleicht. Es war ja November, das kalendarische Jahresende stand bevor, und wie es auch bei Menschen gegen Ende ihrer Jahre trübe und einsam werden kann, so war es hier auch. Man freut sich dann auf den österlichen Frühling, den wir im Himmel erwarten dürfen.

Die Hörner von Hittim in November

Die Israelis freuen sich auf das neue Jahr, da dann der Regen über das Land kommt und die Steppe erblühen lässt. Um Ostern herum sprießen dann überall Blumen, sattes Grün erfüllt die Felder. Selbst die Wüste blüht. Hier kann man auch wunderbare Parallelen zum Osterfest ziehen. Das Leben erwacht in der Wüste des Landes und in den Wüsten unserer Seelen.

Die Aussicht entschädigte für die vielen Strapazen. Angekommen bei der Familie Shavit am Berg Arbel, durfte ich deren Gastfreundschaft genießen. Der Sohn der Familie setzte sich zu mir und es begann ein wunderbares Gespräch. Er Jude, ich Christ. Beide offen für die Sicht des anderen. Und dann fiel ein Satz, der in meinem Gedächtnis hängen blieb. Er sagte zu mir: „Der Prophet Mose brachte den Ägypter um, Mohamed hat mehrere Menschen ermordet. Dein Jesus hat niemanden getötet!" Ich sagte zu ihm, er sei doch Jude und würde trotzdem so positiv über Jesus reden. Daraufhin meinte er: „Aber so ist es doch, das sind

Tatsachen. Aber eines ist auch Fakt: Jesus ist Jude gewesen, einer von uns." „Touché!" sagte ich, und wir lachten beide. Noch einen kurzen Moment sprachen wir über Land und Leute und auch das ist Pilgern. Über ganz alltägliche Dinge reden und lachen. Ja, ein Pilger lacht und freut sich, denn er lebt in der Hoffnung und sollte überall eine Auferstehungsgelassenheit verbreiten. Es ging dann abends zum Essen und es war herrlich. Der Hausherr war zugleich Koch und er liebte das Kochen, was man auch schmeckte. Ich war wieder dort, wo ich mit Bernd bei dem ersten Jesustrail eingekehrt war. Glauben Sie mir, die Früchte und das Gemüse, z.B. die Tomaten, schmecken ganz anders, viel intensiver. Es war toll, und das am nächsten Morgen kommende Frühstück auch. So gestärkt konnte ich die letzte Wegstrecke des Jesustrail zurücklegen. Erst hinauf zum Berg Arbel und dann wieder hinunter. Wie im Leben: Manchmal geht es bergauf, manchmal bergab. Wichtig ist: Auf der Spur bleiben, sonst könnte man fallen.

Während des Abstiegs vom Berg Arbel

Die letzte Etappe hatte es in sich. Fast 20 Kilometer Fußmarsch – und ich war ja schon fast 50 Kilometer gelaufen. Was die Schritte leicht machte, war der Blick auf den See Genezareth. Oben wehte noch ein leichtes Lüftchen und unten wurde es drückend schwül. Egal, es war fast geschafft. Auf einem ganz anderen Pilgerweg. Beim Heruntersteigen vom Berg Arbel, hieß es aber genau nach vorne zu schauen. Leichtes Klettern war angesagt, aber mit einem vollen Rucksack musste ich die Balance wahren. Ungeübten Wanderern würde ich diesen Abstieg nicht empfehlen, denn Trittsicherheit ist an manchen Passagen schon gefragt. Es gibt aber auch eine andere Möglichkeit des Abstieges, vorbei an einem Bachbett, das sich langsam nach unten zieht.

Schmale Wege kennzeichnen den Abstieg vom Berg Arbel

Unterwegs, wo mir die eine Möglichkeit zur Rast geboten wurde, machte ich halt, trank etwas und war froh, diese Strecke zurückgelegt zu haben. Eigentlich ist der Jesustrail an die 70 Kilometer lang. Durch meinen „tollen" Orientierungssinn waren es ca. 100 Kilometer in vier Tagen geworden. Ich war stolz auf mich, diesen Weg alleine gegangen zu sein. Ein Pilger darf stolz auf sich sein, wenn er etwas geschafft hat.

Wenn man dann unterhalb des Berges steht, läuft man entlang an wunderschönen Orangenhainen oder man schlängelt sich an meterhohen Schilfrohrfeldern vorbei. Zwischendurch erkennt man große Bananenplantagen. Es ist einfach schön hier, aber es wurde auch immer drückender. Die Gegend um den See Genezareth liegt in einer Senke und somit staut sich dort die Hitze. Oben am Berg Arbel pfiff der Wind einem um die Ohren mit gefühlten 20 Grad. Unten am See waren es gefühlte 35 Grad und 100 % Luftfeuchtigkeit.

Aber man hatte immer das Ziel vor Augen. Die Brotvermehrungskirche! Noch fünf Kilometer, dann war es geschafft. Und dann sah ich das Pilgerhaus. Mein Ziel war erreicht.

In den folgenden Tagen lief ich die bekannten Sehenswürdigkeiten um den See ab, wie Kapernaum oder den Berg der Seligpreisung. Ein Pilgerweg der Superlative! Diesen Weg zu wandern, kann ich jedem nur empfehlen. Wenn man die entsprechende Kondition besitzt.

Meine Tage am See waren mit Erholung und innerer Einkehr ausgefüllt. Morgens erkundete ich ein bis zwei Stunden die Gegend und mittags genoss ich einfach auf der Terrasse des Vereinshauses in Tabgha bei einer Tasse Kaffee das Heilige Land. Ich genoss es, in Ruhe ein Buch zu lesen und meinen Gedanken freien Lauf zu lassen. Diese Tage, diese Tour, dieses Pilgern werde ich nie vergessen und ich kann jedem nur raten, versuchen Sie es! Vielleicht nicht alleine beim ersten Mal, aber versuchen Sie es!

Die Wandertour mit vielen anderen

Nach reiflicher Überlegung entschloss ich mich später dazu, eine Tour anzubieten, wo viele Pilger mitwandern konnten. Diese Reise plante ich, als geistliche Leitung begleitete mein Bruder die Reisegruppe. Da er Priester ist, bot sich dies an. Die Reise fand im Monat März statt und die Wettervorhersage war perfekt für die Wanderpilgerreise. Schon beim Empfang und der Zusammenkunft am Flughafen konnte man sich auf die weiteren Begegnungen freuen. Bevor wir das Flugzeug bestiegen, war schon klar, dass die Gruppe zusammenwachsen wird. Wenn man ein oder zwei Querschläger dabei hat, ist das etwas, das jedem Gruppenleiter Schweiß auf die Stirn treibt. Dies war, wie gesagt, hier überhaupt nicht der Fall. Jeder ging auf den anderen herzlich zu und schaffte Raum für das Kennenlernen. Wir hatten einen Spaßvogel dabei, der mit seiner natürlichen, herzlichen und witzigen Art sofort eine Offenheit verbreitete, die während der gesamten Dauer der Reise anhielt. Das ist es, was ein Pilger(-leiter) auch braucht: Menschen, die an einem Strang ziehen.

Zuerst besuchten wir die wichtigsten christlichen Stätten rund um Nazareth. Bevor wir am nächsten Tag unsere Wanderung antraten, hieß es, sich erst einmal Proviant zu beschaffen. Direkt gegenüber von unserem Hotel war ein Obst- und Gemüsemarkt und es war herrlich, dort einzukaufen. Schon beim Betreten des Marktes stieg einem der wunderbare Duft des Obstes in die Nase. Man kann diese Gerüche kaum beschreiben. Eine Banane riecht nach Banane und die Zitrusfrüchte kann man mit verbundenen Augen erkennen. Ich freue mich immer, wenn ich auf solche Märkte komme. Einfach nur herrlich. Vollgepackt mit fünf Tüten ging es wieder ins Hotel. Am Morgen teilten wir den Proviant unter allen auf und so konnte unsere Wanderung starten. Von Kanaa wanderten wir Richtung Kibbutz Lavi. Zuerst an dem arabischen Teil der Stadt vorbei in den anliegenden Wald hinein. Und es war großartig. Die Natur begrüßte uns in ihren schönsten Farben. Überall Mohnblumen, saftige grüne Wiesen, alles blühte. Ich dachte über die Parallele zwischen der Auferstehung und dieser wundervollen Natur nach. Die Augen von uns Pilgern schauten die fantastische Natur an und unsere Seele freute sich über das erlösende Geschehen der Auferstehung. Auch wenn dieser Vergleich natürlich hinkt, denn die Auferstehung ist mit nichts zu vergleichen. Man spürte, wie zufrieden die Pilger waren. Ein Plausch hier, ein Plausch dort.

Bei solchen Touren gehe ich meistens ganz vorne oder ganz hinten und schaue mir die Teilnehmer genau an. Es ist sehr wichtig, wie die Gruppe sich untereinander verhält und miteinander kommuniziert. Bei dieser Gruppe war das hervorragend und nach einer kurzen Weile, in der ich mal vorne, mal hinten lief, entschloss ich mich, in der Mitte mit allen anderen Pilgern zu wandern. Es war total entspannend, denn in diesem Gelände jemanden zu verlieren war nicht möglich. Wenn man jedoch in die Städte hineinkommt, ist das etwas ganz anderes. Dann geht die Reiseleiterin vorne und ich mache das Schlusslicht. Hier ist es sehr anstrengend, denn es soll ja niemand verloren gehen und in den Gassen von Jerusalem kann das sehr schnell geschehen. Man schaut mal hier oder dort und schon ist die Gruppe weitergelaufen. In solchen Situationen muss man sich konzentrieren und Obacht geben. Da wir uns aber in der Natur befanden, war es einfach nur total entspannend für die israelische Reiseleiterin (Silke) und mich. Wir mischten uns unter das Volk. Ich fand es sehr mitreißend, als Silke begann, über die Situation des

Wassers in der Region zu reden. Sie war so stolz auf das, was die Israelis in Bezug auf die Wasseraufbereitung geleistet hatten und auch weiter in Bewegung setzten. Wasser bedeutet hier in der Region alles. Es ist der Quell des Lebens und daher beneiden uns Israelis um den Regen in unserem Breitengrad. Es war einfach schön, mit anzuhören, wie Bürger die Errungenschaften ihrer Gesellschaft zu schätzen wissen. Als Pilger kommen dann die Parallelen zum Evangelium in den Sinn, wo Jesus verdeutlicht: „Ich bin das Wasser der Lebens, wer von mir trinkt wird nie mehr Durst haben." Aber auch an die Taufe musste ich bei dem Gespräch denken und dass Wasser uns belebt, erneuert und reinigt. Wenn man so über ein Thema ins Gespräch kommt, weiß man einmal mehr die Schöpfung zu schätzen und zu respektieren. Seit jener Zeit gehe ich viel bewusster mit Wasser um.

Man merkt als Pilgerleiter, wenn sich die Gruppe einfach wohlfühlt, und dann ergeht es dem Reiseleiter genauso. Wir alle genossen diese wundervolle Wanderung.

Ein Wanderweg auf dem Jesustrail

Nach gut drei Stunden Wanderung durch die Landschaft setzten wir uns an einem tollen Aussichtspunkt auf die Wiese und ich schlug meinem Bruder vor, ob wir nicht hier eine Messe in der Natur feiern wollten. Wir hatten uns natürlich vorher alle Dinge in den Rucksack gelegt: Kelch, Wein, Wasser und Hostien. Mitten in der Natur. Auf der Wiese setzten wir uns wild durcheinander hin. Ein großer Stein diente als Altar. Während wir der Lesung und dem Evangelium lauschten, schweiften unsere Blicke in die Landschaft. Ich denke, der eine oder andere kam ins Träumen. So wie wir wanderten, so hatte auch Jesus diese Landschaft durchschritten. Er hatte wie wir Rast gemacht und gebetet. Er selbst war die Kommunion und wir teilten diese nun miteinander.

Mein Bruder beim Lesen der Messe

Man kann dieses Ereignis nicht wiedergeben, wenn man nicht selber anwesend war. Dankbar waren wir für diese Augenblicke. Nach der aufbauenden Erfahrung genossen wir die Früchte, die wir tags zuvor eingekauft hatten. Nach gut einer Stunde setzten wir unsere Wanderung fort. Am späten Nachmittag kehrten wir im Kibbutz Lavi ein. Direkt an eine Bar und ein kühles Bier trinken. Müde, aber sehr zufrieden lagen die Pilger dann abends zeitig im Bett, denn der nächste Tag versprach wieder ein Highlight zu werden. Es ging Richtung See Genezareth.

Ein Teil der Gruppe trennte sich unterhalb der Hügel von Hittim. Diejenigen, welche genug Ausdauer und Trittsicher-

74

heit besaßen, wanderten mit mir auf die Hügel, die andere Gruppe stieg mit Silke ab. Das Panorama war atemberaubend. Im Hintergrund konnte man den Berg der Verklärung erkennen. Vor uns die Golanhöhen, linker Hand Jordanien, rechter Hand Syrien.

Die Hörner von Hittim im Frühling

Der Abstieg führte über Geröll und man musste schon genau hinschauen, wohin man trat. Im März fließen auch Bäche durch diese Landschaft und man muss aufpassen, wo man läuft. Als ich ein Jahr zuvor den Weg beschritten hatte, war alles karg und öde gewesen. Jetzt sprudelten Bäche und die Wiesen waren saftig. Beim Überqueren eines Bachlaufes stolperte eine Pilgerin und saß schon halb im Bachbett. Als ich dies bemerkte, eilte ich zu ihr und wollte ihr hochhelfen. Sie nahm meine Hand und beim Hochziehen rutschte ich dann auch noch ab, so dass wir beide im Bach saßen. Die Hosen waren durchnässt, aber wir mussten beide lachen. Zum Glück war es sehr warm an diesem Tag, daher machte uns diese Abkühlung nichts aus. Wir waren nicht unterzukriegen.

Als wir dann unterhalb des Berges Arbel ankamen, hatten wir für unsere Gruppe ein arabisches Picknick vorbereitet. Typisch arabisches Essen. Man merkte wieder, wie zufrieden die Gruppe war. Zufriedene Pilger machen die Gruppenleiter glücklich.

Nach dieser schönen Pause trennte sich die Gruppe wieder. Diejenigen, die müde waren, stiegen in den Bus und fuhren zum Kibbutz En Gev. Die anderen wanderten mit mir durch Obstfelder am See entlang. Nach ca. einer Stunde trafen wir die anderen am Kibbutz. In der kommenden Nacht herrschte ein heftiges Gewitter. Blitze erhellten die Nacht und der Schall des Donners war ohrenbetäubend. Ja, ein Pilger hat auch Angst, und in dieser Situation hatten manche Angst. Am nächsten Morgen standen wir zu spät auf, da der Weckdienst über das Telefon durch die Rezeption organisiert wird. Aufgrund von Blitzeinschlägen war die Telefonanlage beschädigt worden. Wir nahmen es mit Humor, ändern konnten wir sowieso nichts daran.

Die Gruppe erwanderte die Sehenswürdigkeiten rund um den See und so ging es nach zwei Tagen Aufenthalt Richtung Jerusalem. Jerusalem ist mit Worten nicht zu beschreiben. Entweder man liebt diese Pilgerstadt oder man hat sie einmal gesehen und dann reicht es. Jerusalem ist ein Schmelztiegel unterschiedlicher Kulturen, Religionen, Menschen.

Blick auf die Zitadelle in Jerusalem

Die Altstadt besticht durch ihre schmalen Gassen und die vielen Suks. Die Suks sind arabische Märkte. Die Neustadt ist modern und verfügt über einen fantastischen Markt, auf dem die regionalen Köstlichkeiten angeboten werden.

Wer sich in der Altstadt aufhält, was die Pilger eigentlich überwiegend tun, kommt aus dem Staunen nicht mehr heraus. An jeder Ecke ist pure Geschichte zu erleben, aber leider auch zum Teil mit viel Leid verbunden. Die Klagemauer, die Via Dolorosa, der Ölberg, der Tempelberg. Hier treffen die unterschiedlichen Interessen aufeinander und es kommt an diesen Punkten der Altstadt öfters mal zu Reibereien. Jeder hat recht und jeder hat unrecht.

Als unsere Pilgergruppe sich mit dem Bus der Hauptstadt Israels näherte, schalteten wir den CD-Player ein und es erklang die Melodie von Jerusalem. Eine schöne Tradition, bei der mir jedes Mal ein Schauer über den Rücken läuft. Die Pilger schauten alle aus dem Fenster. Man fährt zuerst durch einen kleinen Tunnel und dann eröffnet sich ein wunderschönes Panorama. Man kann über Jerusalem sehen. In der Mitte thront der Felsendom und die al-Aqsa-Moschee.

Ich schaute in die Reihen des Busses und sah die gebannten Blicke der Teilnehmer. Ein Pilger wird auch nervös, wenn es um einen der Höhepunkte der Reise geht.

Die Jerusalemer Altstadt, im Vordergrund das Damaskustor.

Man wollte sofort dahin. In die Nähe der Altstadt. Das war jedoch noch nicht möglich, denn erst einmal hieß es, unsere Pilgerunterkunft zu beziehen. Die Tage darauf besichtigten wir die wichtigsten Sehenswürdigkeiten.

Hervorzuheben war die morgendliche Kreuzwegandacht. Um 5.00 Uhr morgens standen wir am Eingang der Via Dolorosa. Ungewöhnlich war, dass sich viel Militär auf der Straße befand. Wir gingen die einzelnen Stationen des Kreuzweges früh morgens ab. Ohne Stress und je weiter wir gingen, umso ruhiger wurde es. Zwar konnten wir die einzelnen Kapellen nicht betreten, aber vor der Tür doch Einkehr halten und beten. Am Ende dieses besonderen Pilgerweges traten wir in die Grabeskirche ein. Ab 7.00 Uhr war diese geöffnet und wir waren unter den ersten Pilgern in der Kirche. Nun bestand die Möglichkeit, in Ruhe die Grabeskirche zu erkunden, zu beten und zu staunen. Ohne lange Wartezeit konnten wir die Auferstehungskapelle betreten.

Im Anschluss daran genossen wir das Frühstück in unserem Pilgerhaus. Beim Frühstück setzte sich die israelische Reiseleiterin an meinen Tisch und ich sagte ihr: „Hast du auch die Patronenhülse am Wegrand der Via Dolorosa gesehen?" Sie nickte mir zu und teilte mir mit, dass es in der vergangenen Nacht wieder zu Unruhen in diesem Bezirk gekommen sei. Es kann Pilgern eben auch geschehen, dass sie Einblicke in Konfliktherde bekommen. Zum Glück ist das keinem aufgefallen, denn so ein Zustand kann die Stimmung in einer Gruppe durchaus dämpfen.

An dieser Stelle möchte ich ausdrücklich betonen, dass man in Israel größtmögliche Rücksicht und Vorsicht gegenüber Pilgern an den Tag legt. Und mal ehrlich gesagt: Keine der Konfliktparteien ist so dumm, diejenigen, welche Geld ins Land bringen, zu verärgern oder ihnen Angst einzujagen.

Tags darauf reiste unsere Gruppe nach Bethlehem. Diese arabische Stadt befindet sich unweit von Jerusalem. Wenn man wollte, könnte man dorthin auch zu Fuß wandern. Geschätzte vier Kilometer geht man entlang der Straße Richtung Westbank. Das ist es, was Bethlehem besonders macht. Die Stadt steht unter arabischer Verwaltung. Abgetrennt von einer hohen Mauer. Wenn man als Deutscher zum ersten Mal an vorhandene Grenzübergänge kommt, fühlt man sich zurückversetzt in die Zeit des Kalten Krieges und der Teilung Deutschlands. Viele Pilger schütteln bei der Ansicht der Mauer nur den Kopf. Auch mir gefällt die Mauer nicht und es wäre gut, wenn sie besser gestern als heute nicht mehr stehen würde. Die Gründe für die Errichtung einer solchen Mauer sollte man aber fairerweise auch anhören. Das ist auch etwas ganz Entscheidendes, wenn man als Pilger im Heiligen Land unterwegs ist. Man sollte nicht über die eine oder andere Seite zu schnell ein Urteil fällen. Oftmals stellen sich Dinge bei eingehender Betrachtung anders dar, als es den ersten Anschein hat. Viele Situationen sind für einen Pilger oder Menschen, die das erste Mal in dieses Land reisen, nicht direkt erfahrbar.

Wenn man dann vor dieser Wand steht, sage ich den Teilnehmern oft: Denkt zurück an Nazareth. Dort finden sich sehr viele Gemälde, Mosaike aus verschiedenen Ländern, meist mit einem Abbild der Mutter Gottes. Wenn man auf das Bildnis aus Deutschland schaut, kann man in der Mitte Maria erkennen, rechts und links neben ihr stehen zwei Kinder. Die Mutter Jesu hält sie im Arm. Symbolisch soll dieses Bildnis die Trennung zwischen Ost- und Westdeutschland darstellen. Als dieses Kunstwerk erschaffen wurde, stand in Deutschland die Mauer noch. Mit der Hilfe Gottes konnten sich Geschwister wiederfinden. So habe ich die Hoffnung, dass mit Gottes Hilfe auch eine Lösung im Heiligen Land gefunden wird.

Wir besichtigten die klassischen Stellen rund um Bethlehem und machten Halt auf den Hirtenfeldern. Zum Abschluss der Reise versammelten sich nochmals alle Pilgerinnen und Pilger, um ähnlich wie in einem

Beduinenzelt das letzte Abendessen dieser Pilgerreise zu sich zu nehmen.

So neigte sich auch diese Reise dem Ende zu. Eine für mich besondere Pilgerreise, denn wenn man zu Fuß mit Pilgern das Heilige Land durchreist, erlebt man das Pilgern anders. Man sagte mir vor etlichen Jahren einmal, es gäbe vier Evangelien und das fünfte Evangelium wäre, das Land Israel zu besuchen. Ich ergänze diesen Satz noch. Das sechste Evangelium ist, das Land Israel zu Fuß zu erleben.

Es ist eine ganz besondere Erfahrung, auf den Spuren Jesu zu wandern. Man kommt mit Land und Leuten in Kontakt. Abends ist man körperlich müde, aber die Seele wird aufgetankt. Man ist und wird einfach zufrieden.

Im Laufe der Zeit habe ich das Land Israel schon viele Male besuchen dürfen. Immer wieder fand ich Neues und Einzigartiges. Es wird nicht die letzte Reise für mich ins gelobte Land bleiben, denn es gibt noch viel zu erkunden. Das Erwandern des Landes über den National Trail oder auch der Abrahamweg. Das Land bietet unzählige Möglichkeiten und es lohnt sich, Land und Menschen kennenzulernen. Viele Menschen, mit denen ich hier in Deutschland gesprochen habe, teilten mir ihre Bedenken hinsichtlich der politischen Situation mit. Dazu kann ich nur sagen, dass ich mich immer sicher gefühlt habe. Ja, es ist sehr viel Militär auf den Straßen. Dies sorgte bei mir eher für Beruhigung als für Nervosität. Wenn es um die Sicherheit geht, kann man doch kaum noch reisen. Bei richtiger Betrachtung gibt es mehr Terror in Europa als im Land Israel.

Mit Pilgern pilgern

Fröhliche Juden beim Gang zur Klagemauer

Nachwort

„Nur wo Du zu Fuß warst, bist Du auch wirklich gewesen."

(Johann Wolfgang von Goethe)

Das können Pilger nur bestätigen! Vielleicht ist es diese von Goethe beschriebene Erfahrung, die das Wandern und Pilgern in den letzten Jahren so populär gemacht hat. In unserer extrem beschleunigten, digitalisierten Welt, in der Menschen im Netz weltweit verknüpft sind, scheint die Sehnsucht nach tiefen menschlichen Begegnungen und nach unmittelbaren „echten" Erfahrungen mit allen Sinnen immer größer zu werden. Informationen und visuelle Eindrücke über „YouTube und co." reichen eben nicht aus – sie können die konkrete Beziehung zu dem Menschen, mit dem ich auf dem Weg bin, und die „leibhaften" Erfahrungen nicht ersetzen. Zwar habe ich als Theologe ein fundiertes Wissen über das Israel des Alten und Neuen Testamentes und als politisch interessierter und engagierter Mensch gute Kenntnisse über die aktuelle Situation in Israel – die Sehnsucht, diese Orte der Heilsgeschichte und zugleich so grausamer Kriege und Tragödien auch zu spüren, wuchs jedoch im Laufe der Jahre.

Und so war ich sehr dankbar, dass Christian mich mitnahm auf den Jesustrail, auf diesen Pilgerweg voller tiefer Erfahrungen und Begegnungen. Er wurde mir dabei zum treuen Weggefährten! Unterwegs, Schritt für Schritt wahrzunehmen, wieviel Wunderbares die Schöpfung für uns bereithält und mit allen Sinnen zu spüren, Teil dieser Schöpfung zu sein – diese Erfahrungen haben mich tief bewegt. Zugleich erschließt sich auf dem Jesustrail eine weitere Dimension – die Verbundenheit mit den Menschen, die über Jahrhunderte hinweg auf den Spuren Jesu wandelten

und die Verbundenheit mit all denen, die auch heute Gott
suchen.

Der Herr zieht mit (von Bernhard von Clairvaux)

Er ist schon da.
Der dich getragen, geprägt, geführt und befreit hat.
Er ist schon dort.
Geh mit ihm.
Erfahr ihn, wie du es nie geglaubt.
Er ist schon dort.
Der dich in Ungeahntes, Neues führt.
Er ist schon dort.
Geh – du bist nicht verlassen.

Bernd Wagener (Papabär ☺)

Zeitfracht Medien GmbH
Ferdinand-Jühlke-Straße 7
99095 Erfurt, Deutschland
produktsicherheit@kolibri360.de